BRUNO MUGNAI

I VOLONTARI STRANIERI E LE BRIGATE INTERNAZIONALI IN SPAGNA (1936-39)

FOREIGN VOLUNTEERS & INTERNATIONAL BRIGADES IN SPAIN (1936-39)

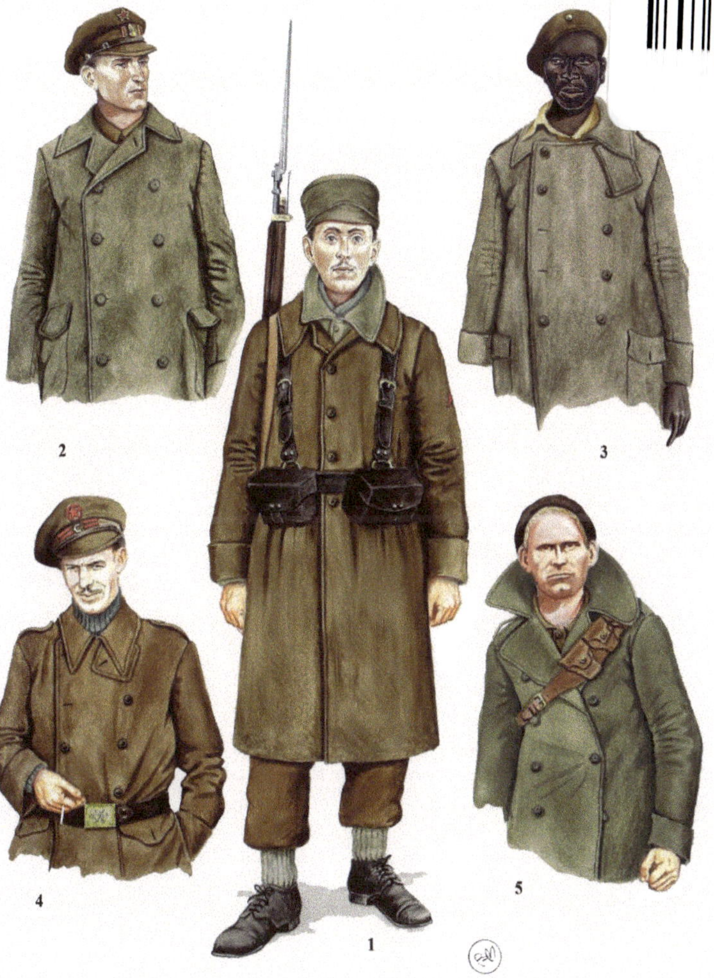

SOLDIERS&WEAPONS 006

SOLDIERSHOP PUBLISHING

NOTE SULL' AUTORE

Bruno Mugnai è nato a Firenze nel 1962 e ci vive con Silvia, Chiara ed Eugenio. Appassionato di storia militare fin da giovanissimo, ha pubblicato due libri sull'esercito ottomano dal 1645 al 1718; è inoltre autore di saggi sulle campagne italiane della guerra di Successione Spagnola e di articoli di uniformologia e storia militare del Seicento e del Settecento. Più di recente si è avvicinato alla storia militare della Toscana durante le campagne rivoluzionarie francesi, l'età napoleonica e quella preunitaria. Ha pubblicato per l'Ufficio Storico dell'esercito italiano una monografia sulle istituzioni militari dello stato di Lucca nell'Ottocento e ha completato per lo stesso editore un analogo contributo sull'esercito del granducato di Toscana dal 1737 al 1799. Con Luca Cristini ha collaborato alle illustrazioni dei due volumi dedicati alla guerra dei 30 anni e alla realizzazione dei titoli della serie Soldierhop dedicati all'Esercito Imperiale al tempo del principe Eugenio di Savoia.

Bruno Mugnai was born in Florence in 1962, where he lives with Silvia, Chiara and Eugenio. Being a military enthusiast since his youth, he has published two volumes on the Ottoman Army from 1645 to 1718, is the author of several works concerning the Italian campaigns and the Spanish Wars of Succession as well as various uniformology and military histories of the 17th and 18th century's warfare. Recently he has devoted his time to the military history of Tuscany during the Napoleonic period and pre-unity. He has published a monograph for the Army Historical Office of the Italian Army on the State of Lucca in the 19th century and an analogue for the same editor on the army of Grand Duke of Tuscany from 1737 to 1799. With Luca Cristini, he has collaborated as illustrator for two volumes, namely 'the Thirty Years War' and as co-author in the Soldiershop title about the Imperial Army in the Age of Prince Eugene of Savoy.

NOTE EDITORIALI

PUBLISHING'S NOTES

LICENSES COMMONS

ISBN: 978-88-93273275   3a edizione: marzo 2018

Title: Soldiers&Weapons 006 - **I Volontari Stranieri e le Brigate Internazionali in Spagna (1936-39)** di Bruno Mugnai
Editor: Soldiershop Publishing. Cover & Art Design: Luca S. Cristini.
Foto a colori realizzate da Joel Bellviure, Anna Cristini e Luca Cristini. Mappe a colori di Joel Bellviure
In copertina : Volontari delle Brigate Internazionali (disegni dell'autore)

PREFAZIONE

Alla fine degli anni Settanta si calcolava che fossero già stati pubblicati almeno 20.000 libri sulla guerra civile spagnola e un centinaio di questi sui volontari internazionali. Venti anni dopo Andy Durgan, nel suo saggio *Freedom fighters or Comintern army? The International Brigades in Spain*, raddoppiava queste cifre, segno che il dibattito non si era concluso e nel frattempo altri lavori erano stati scritti, integrando i precedenti e aggiungendo nuove conoscenze per merito delle ricerche effettuate negli archivi del Comintern o in quelle delle organizzazioni politiche. Pertanto questo contributo si inserisce nell'ampio contesto delle pubblicazioni sui combattenti stranieri della guerra civile per iniziare a colmare un vuoto ancora presente, cioè quello della storia militare dei volontari italiani, considerato che analoghi contributi sono apparsi già da tempo, ma hanno privilegiato quasi soltanto le Brigate Internazionali e all'interno di queste si sono occupati più spesso delle formazioni britanniche e nordamericane – storicamente interessanti ma di relativa consistenza numerica – mentre invece i nostri connazionali furono la terza componente più numerosa fra gli *internacionales*.

Certamente non rientra fra i compiti di questo lavoro presentare una nuova lettura di quelle vicende, ma d'altronde non è possibile accostarsi a quei fatti ignorando le decisioni sbagliate e gli errori commessi all'interno dello schieramento antifascista. A più di sessanta anni da quei fatti rimane complesso ricostruire in maniera attendibile le vicende e i retroscena che determinarono – anche fra i volontari stranieri – drammi e lacerazioni per la coesione dello schieramento, che disillusero molti di coloro che erano accorsi per combattere e che in definitiva portarono alla sconfitta della repubblica. Tutto ciò ha contribuito a rendere poco chiare le responsabilità, mentre altre volte alcune realtà sono state manipolate e certe convinzioni sono sopravvissute a lungo fra gli storici, tanto di destra che di sinistra. In queste distorsioni ci si imbatte spesso quando si esamina la storia dei reparti volontari, come l'affermazione che le Brigate Internazionali avrebbero contribuito alla repressione degli anarchici e dei trozkisti a Barcellona nel maggio del 1937.

Altra affermazione da sfatare è quella che sostiene che i volontari stranieri fossero soltanto quelli delle Brigate Internazionali, mentre invece questo fenomeno interessò tutto lo schieramento repubblicano, in particolare le unità delle organizzazioni anarchiche, recentemente oggetto di ricerche molto interessanti e utili alla corretta comprensione del variegato scenario dell'internazionalismo antifascista in Spagna. In questa prima fase della guerra, fra l'altro, agirono in posizioni di primo piano alcuni dei più importanti esponenti dell'antifascismo italiano in esilio, come Carlo Rosselli, Camillo Berneri e molti altri. E' stato pertanto opportuno separare la storia delle formazioni volontarie sorte all'inizio della guerra, dall'epopea delle Brigate Internazionali.

Per l'autore non deve essere stato agevole analizzare le fonti, condizionate ideologicamente e quindi parziali, per cui ci sembra un merito non da poco aver ricostruito alcuni degli aspetti fondamentali di queste unità, quale il loro effettivo contributo nei combattimenti, come avvenne la formazione dei quadri ufficiali e fino a che punto l'ideologia contribuì alla disciplina delle unità, da cui la 'democrazia interna' delle milizie - *l'armata proletaria* che usava metodi diversi da quelli degli altri eserciti – argomento, quest'ultimo, che più di altri ha da sempre generato accesi dibattiti e con molta probabilità rimarrà per sempre nel mito.

Luca Cristini

INDICE - CONTENTS :

▼ Al centro lo scrittore americano Ernest Hemingway, in visita al quartier generale delle Brigate Internazionali, e a destra Arnold Friedrich Vieth von Golsseneau, alias Ludwig Renn, dal novembre del 1936 capo di stato maggiore dell'XI brigata, in una foto scattata agli inizi del 1937. Renn indossa una vecchia uniforme regolamentare da ufficiale dell'esercito spagnolo, sostituita a partire dalla fine del 1936 da una nuova tenuta, contraddistinta da una giacca monopetto con risvolti aperti al colletto e da nuovi distintivi di grado. Sulla sinistra il regista olandese Joris Ivens. (Bundesarchiv, Berlino. Allgemeiner Deut. Nachrichtendienst – 183-84600-0001).

Ernest Hemingway (centre), Ludwig Renn (right) and the Dutch director Joris Ivens (left) in a photo taken in the early part of 1937. Renn, a German WWI veteran and Chief of Staff in the 11th International Brigade, wearing a regular pre October 1936 uniform, replaced by a new one with open collar and new insignia distinction. (Coll. of the Berliner Bundesarchiv,).

1 - I VOLONTARI INTERNAZIONALI

*"La Spagna ci ha insegnato che si può aver ragione ma essere battuti, che la forza bruta
può sconfiggere lo spirito e che il coraggio da solo non basta..." (Albert Camus)*

INTRODUZIONE

Nonostante siano passati più di sessanta anni dalla fine della guerra civile spagnola, il dibattito storico (e politico) è alimentato continuamente da nuovi contributi, specie dopo che gli archivi dell'ex URSS sono diventati accessibili ai ricercatori. Molta della letteratura più recente fornisce, e a volte smentisce, nuove ricostruzioni di quei fatti, segno che il dibattito non si è ancora concluso, né in Spagna e nemmeno nel resto del mondo. Anche se oggi appare indubbio che il maggior numero di volontari giunse grazie alle organizzazioni comuniste di tutto il mondo, è diventato sempre più evidente il contributo di coloro che non si riconoscevano nell'ideologia marxista-leninista, specie quelli provenienti dall'Italia, dove furono numerosi anche i socialisti, gli anarchici, i repubblicani e gli appartenenti di altre organizzazioni antifasciste, come ad esempio *Giustizia e Libertà*. Secondo stime aggiornate la consistenza complessiva dei volontari italiani non organici alla *terza Internazionale* sarebbe stata fra il 35% e il 40% del totale Anche per quanto riguarda il numero complessivo dei volontari accorsi in Spagna, ci troviamo di fronte a un tema sul quale molti autori si sono confrontati, spesso arrivando a risultati differenti, non tanto riguardo il loro totale, quanto piuttosto sull'appartenenza politica, mettendo in rilievo solo i dati utili a sostenere la propria tesi. Altre argomentazioni, presentate talvolta in modo strumentale, tendono a mettere in rilievo la partecipazione di alcune nazionalità o gruppi etnici e allora, sulla base di questo dato, se è assodato che francesi e tedeschi rappresentarono oltre un terzo di tutto il contingente internazionale, è altrettanto vero che raggiungere la Spagna era molto più agevole per chi risiedeva in Francia e che comunque, assieme alla Germania, si trattava di paesi con una popolazione numerosa e con una tradizione di lotta politica consolidata.

Pertanto, in rapporto alla vicinanza, al numero di abitanti complessivi e alla forza dei rispettivi partiti di sinistra, assume un valore molto diverso il piccolo ma agguerrito gruppo di combattenti provenienti da Stati come l'Albania o l'Estonia, o addirittura da Paesi lontanissimi, come i relativamente pochi – ma certamente motivati – volontari australiani e neozelandesi; se infine mettiamo in relazione il numero dei volontari con la popolazione di ciascun stato, sono i cubani che, un po' a sorpresa, si aggiudicano il primato di nazionalità più rappresentata. Le polemiche sulle responsabilità di Stalin e su quelle dei governi democratici europei costituiscono una parte importante della enorme massa di libri sulla guerra civile spagnola e anche se in questi lavori le loro vicende non costituiscono la parte principale, praticamente tutti gli autori hanno menzionato i volontari stranieri; cosa che sarebbe difficile evitare, vista la campagna propagandistica che accompagnò le Brigate Internazionali e la loro partecipazione al conflitto. Se anche questo ha ingigantito la lente deformante con la quale sono state lette le vicende dei volontari stranieri, resta impossibile ignorare il fatto storico di cui sono stati protagonisti, ovvero la mobilitazione di un numero considerevole di uomini e donne di diverse nazionalità che, in nome della democrazia, accorsero in Spagna pronti a sacrificare la loro vita per un paese che non era il loro. Nel mare di errori, disillusioni e di contraddizioni nel quale tanti volontari si trovarono ad agire – consapevolmente, *obtorto collo* o in aperto dissenso con il governo che difendevano – gli *internacionales* incarnano ancora oggi uno dei simboli più forti della solidarietà di classe e della fratellanza fra i popoli.

PARTE I - I PRIMI VOLONTARI 'INTERNAZIONALI

Subito dopo l'*alzamiento* dei generali ribelli, le prime formazioni armate si riunirono attorno alle organizzazioni politiche che sostenevano il governo repubblicano. In Catalogna in particolare si registrò una frenetica attività da parte dei movimenti più radicali, che costituirono in brevissimo tempo degli agguerriti contingenti di volontari, pronti a entrare in azione per contrastare gli insorti. Ma i primi stranieri ad aderire allo schieramento repubblicano si trovavano in Spagna per tutt'altre ragioni. Infatti, di lì a pochi giorni, si dovevano svolgere a Barcellona le contro-olimpiadi dei lavoratori, le cosiddette *Spartachiadi*, che avevano riunito in città un discreto numero di 'atleti-lavoratori', allenatori e accompagnatori, per partecipare ai giochi organizzati in antitesi alle olimpiadi di Berlino. Si stima che almeno 300 giovani stranieri coinvolti in quella manifestazione aderirono alle formazioni di milizia già attive alla fine di luglio del 1936, costituendo il primo gruppo di volontari internazionali in Spagna. Un articolo, pubblicato sul giornale dei socialisti riformisti della Catalogna, riferiva che a Barcellona, fra il 18 al 20 luglio, erano rimasti uccisi negli scontri 'l'antifascista tedesco' Johann Frey e quello austriaco Franz Mechter, mentre fra i feriti risultavano lo studente Rudolph Kohn dalla Germania e gli italiani Paolo Girelli - muratore di Brescia – e 'l'atleta' Bruno Sereni. In quella prima fase della guerra civile l'ingresso nelle unità dei volontari seguì quello naturale dell'affiliazione politica, pertanto alcuni aderirono alla milizia del PSOE (Partido Socialista Obrero Español) e del sindacato UGT (Unión General de Trabajadores), altri a quelle della JSU (Juventudes Socialistas Unificadas), del POUM (Partido Obrero de Unificación Marxista), della CNT (Confederación Nacional de Trabajadores, il potente sindacato di ispirazione anarchica) e nel *Quinto Regimiento*: la formazione armata costituita dai membri della gioventù social-comunista, l'organizzazione giovanile del PCE (Partido Comunista Español). Questo era di fatto l'unico partito dello schieramento governativo ad avere stretti contatti con l'Internazionale Comunista e che in breve tempo dimostrò di possedere una struttura organizzativa ramificata e molto efficiente, nonostante nel 1936 i comunisti di stretta osservanza sovietica fossero un partito poco numeroso in Spagna. Nel *Quinto* prestò la sua opera dall'estate del 1936 il comunista italiano Vittorio Vidali, più familiare col nome di battaglia Carlos Contreras, il quale introdusse all'interno dell'unità la struttura organizzativa e i severi metodi disciplinari dell'esercito sovietico. In seguito Vidali avrebbe occupato posizioni di vertice nelle Brigate Internazionali, ricoprendo l'incarico di Capo Ispettore e direttore del famigerato controspionaggio interno. Nonostante l'Unione Sovietica rappresentasse per molti comunisti un punto di riferimento imprescindibile, il consenso nei confronti di Mosca non era ovunque lo stesso. I primi tedeschi giunti in Spagna erano accomunati dall'indignazione per la riluttanza dimostrata da Stalin a scatenare la rivoluzione in Germania. Per questo motivo i gruppi di volontari esiliati dal regime nazista costituirono in origine due raggruppamenti distinti: il primo formato il 7 agosto dai membri del partito fedeli a Mosca, agli ordini di Albert Schreiner e intitolato al leader comunista Ernst Thälmann, imprigionato dai nazisti ad Amburgo nel 1933; il secondo riunitosi attorno alla figura di Hans Beimler, ex deputato comunista del Reichstag, protagonista di un'avventurosa fuga da un campo di concentramento, ma considerato poco incline alle direttive di Stalin.

Questo secondo gruppo comprendeva una sessantina di tedeschi ai quali si aggiunsero alcuni danesi e svedesi. Dalla fusione di queste formazioni - avvenuta alla fine di agosto - nacque la *Centuria Thaelmann* – della forza di un piccolo battaglione - caratterizzata, come tutte le milizie operaie e popolari, da un armamento improvvisato ma controbilanciato da una determinazione che divenne in breve tempo proverbiale. Prima che questa formazione si costituisse, un altro *Grupo Thaelmann*, senza alcuna relazione con quello creato in agosto, era stato formato a Barcellona il 23 luglio 1936 da 11 esuli ebrei tedeschi, 8 uomini e 3 donne, che si aggregarono alle colonne di milizianti dirette in Aragona. Dopo i tedeschi, i volontari italiani rappresentavano il secondo importante gruppo degli esuli, accorsi in gran numero dalla vicina Francia e dalla Svizzera. Il 3 agosto 1936 sulla stampa di Barcellona si accennava per la prima volta a una formazione di volontari italiani, facendo riferimento a un *Grupo Italiano* all'interno della *Columna* (o battaglione) *19 de Julio*, appartenente alla milizia del PSUC (Partit Socialista Unificat de Catalunya), ovvero l'organizzazione politica catalana aderente al Comintern (l'organismo che riuniva i partiti della *Terza Internazionale*). Con ogni probabilità questi volontari appartenevano alla comunità italiana già presente a

Homenaje al héroe
CAMARADA
FERNANDO DE ROSA

▲Il **socialista torinese Fernando De Rosa** si trovava esule in Spagna da prima del 1936, dopo aver scontato quattro anni di carcere in Belgio per aver esploso un colpo di pistola alla presenza di Umberto di Savoia. Dal luglio del 1936 De Rosa fu a capo del battaglione Octubre della milizia del Partido Socialista Obrero Español, alla testa del quale partecipò agli scontri che precedettero l'assedio di Madrid; fu uno dei primi antifascisti italiani caduti nel corso guerra civile. La presenza di stranieri con esperienza militare era considerata molto utile dal governo repubblicano. Nel luglio del 1936 le forze sul campo apparivano equivalenti, disponendo di circa 30.000 uomini per parte, ma degli oltre 11.000 ufficiali, più di 7.000 si schierarono con i ribelli e dei rimanenti solo un migliaio, compresi una trentina di generali, potevano considerarsi all'altezza della situazione.
(*Illustrazione di un manifesto del dopoguerra a ricordo di Fernando De Rosa; archivio dell'autore*)

Fernando de Rosa, a socialist from Turin, lived already in Spain before 1936 – after five years in a Belgian jail after shooting to the Prince Umberto of Savoy in Bruxelles – and in the summer of 1936 he was the commander of the Octubre battalion in the milicia of Partido Socialista Obrero Español. De Rosa conducted his unit until his death during the campaign of Madrid. In July 1936 the officer corps was deployed mainly for Franco and all volunteers with military competence, even foreigners, were welcomed in the Republican army. (from a commemorative post war poster, Author's archive).

Barcellona, ai quali si unì qualche 'atleta' delle Spartachiadi. Altri italiani residenti a Barcellona, spesso noti alle autorità fasciste, si misero in evidenza fin dai primi giorni dell'insurrezione militare, come l'anarchico Artorige Nozzoli, fabbricante di cappelli ed ex legionario del *Tercio*, che comparve in ogni manifestazione contro i falangisti e prese parte a tutte le assemblee della CNT di Barcellona, tanto che un informatore della polizia italiana comunicò a Roma che: "Nozzoli lo si vede girare per le vie di Barcellona armato di pistola e di un antico sciabolone di cavalleria. Anima, incoraggia, fa piani e progetti di attacchi e incursioni contro falangisti, fascisti, ecc. e indossa l'uniforme degli anarchici". Tra i primi ad accorrere in Spagna alla notizia della ribellione, i francesi costituivano una significativa eccezione, in quanto le organizzazioni della sinistra locale erano in grado di allestire le formazioni di volontari già sul proprio territorio. Il primo gruppo fu costituito a Bordeaux e comprendeva francesi e belgi; una volta in Spagna prese il nome di *Centuria Commune de Paris* e aggregato alla milizia del PCE; da agosto fu agli ordini di Jules Dumont, funzionario del partito comunista e futuro capo della resistenza contro i nazisti. Le prime milizie francesi risultarono quelle che per ovvi motivi apparivano meglio organizzate e politicamente più omogenee;

inoltre si trattava quasi sempre di contingenti che non osteggiavano la politica del Comintern e che in seguito sarebbero confluiti in gran parte nelle Brigate Internazionali. Attratto dall'eco internazionalista e dalla causa repubblicana era accorso in Spagna anche un piccolo numero di antifascisti britannici. I primi due volontari si chiamavano Samuel 'Sam' Masters e Nat Cohen, due sarti londinesi che stavano girando il paese in bicicletta quando scoppiò la ribellione. Entrambi iscritti al partito comunista della Gran Bretagna, si recarono a Barcellona dove, assieme ad altri connazionali, fondarono la *Centuria Thomas Mann*. Il gruppo, forte in tutto di una quarantina di volontari, comprendeva anche l'oriundo l'italiano Giorgio Tioli e alcune firme importanti del giornalismo di sinistra britannico, come Keith Scott-Wilson e Tom Wintingrham - in seguito ufficiale delle Brigate Internazionali - nonché il giovanissimo Esmond Romilly, nipote diciassettenne di Winston Churchill, autore di un vivido resoconto dei combattimenti di Madrid. I britannici furono inquadrati assieme ad alcune formazioni locali per partecipare alla inconcludente spedizione a Mallorca, durante la quale un volontario rimase gravemente ferito. Frustrati dalla mancanza di azione, tutti i componenti della *Thomas Mann* si unirono alla fine di settembre ai volontari tedeschi della centuria *Thaelmann*. Nello stesso periodo accorsero in Spagna dalla vicina Francia numerosi comunisti polacchi, che diedero vita alle prime unità di volontari dell'Europa orientale che comprendevano pure cechi, slovacchi, ungheresi e jugoslavi. La popolosa comunità dei minatori polacchi in Francia aveva aderito in massa ai movimenti di sinistra, tanto quelli riformisti che rivoluzionari e col tempo crebbe anche la presenza dei volontari giunti direttamente dalla Polonia. Al termine della guerra civile i polacchi sarebbero risultati con francesi, tedeschi e italiani una delle nazionalità più numerose fra i volontari internazionali. Attraverso i tanti canali aperti dalle organizzazioni antifasciste continuarono ad affluire volontari in numero crescente. Prima della fine di luglio si calcola che accorsero a Barcellona col treno o via mare almeno 600 volontari, accomunati dal desiderio di arruolarsi nelle formazioni della milizia popolare per difendere con le armi la repubblica. Questi volontari si possono considerare solo in parte i predecessori degli *Internaciónales* che avrebbero costituito in seguito le brigate; ciò che li accumunava era per quasi tutti la diffidenza verso la politica di Mosca e la sua titubanza a intervenire a sostegno della rivoluzione, tanto che la maggior parte scelse alla fine di combattere come guerriglieri in Catalogna e in Aragona, a fianco dei loro compagni spagnoli o nelle altre formazioni dell'esercito repubblicano.

LE PRIME UNITA INTERNAZIONALI DELLA *MILICIA POPULAR*.

La ricerca storica si è occupata sporadicamente delle vicende dei volontari accorsi in Spagna fin dalle prime notizie degli scontri, per prendere parte alla rivoluzione che era scoppiata in Catalogna, attratti dalle notizie che parlavano di collettivizzazioni, di socializzazioni, dei comitati di operai e contadini; oppure semplicemente per difendere la democrazia e dimostrare che l'antifascismo non era morto. La presenza di questi volontari smentirebbe chi ha affermato che solo grazie alla propaganda e all'organizzazione fornita da Mosca, l'antifascismo sarebbe stato in grado di organizzare la lotta in difesa della repubblica. In questo contesto la vicenda degli italiani è fra quelle che appare come particolarmente significativa, in quanto furono fra i primi a essere segnalati in numero crescente in Catalogna nelle milizie organizzate spontaneamente dai partiti locali, sia i più radicali, come gli anarchici, che i moderati, come i socialdemocratici e i repubblicani. Lo scenario che questi volontari trovarono in Spagna era a dir poco incandescente. Senza considerare quanto accaduto durante 'rivoluzione delle Asturie', fra le elezioni di febbraio e la rivolta dei militari del luglio 1936, c'erano stati in Spagna 113 scioperi generali e altri 228 parziali, 145 attentati dinamitardi, 215 assalti a sedi di partito e 150 chiese incendiate; gli incidenti avevano provocato 269 morti e 1.287 feriti. Un così alto livello di conflittualità era stato alla base della rapida crescita delle formazioni armate legate alle organizzazioni politiche e ai sindacati. Infatti, prima della metà degli anni '30, i sindacati e quasi tutto lo schieramento repubblicano avevano dato vita a strutture paramilitari per l'autodifesa, consci di quanto era accaduto alle organizzazioni sindacali e ai partiti loro alleati in Italia, Germania e Austria. Nell'estate del 1936 la milizia repubblicana si trovava di fatto scissa in due gruppi relativamente omogenei: da una parte le formazioni delle organizzazioni politiche riformiste, comprendenti quelle aderenti al Comintern, come l'agguerrito e prestigioso *Quinto Regimiento*, quelle del sindacato UGT di espressione socialista e quelle meno numerose della *Izquierda Republicana*; dall'altra le milizie della CNT e delle altre formazioni rivoluzionarie. Ma mentre fra le prime esisteva solo un collegamento formale, fra gli anarchici e i miliziani del POUM si instaurò una collaborazione che si saldò in una vera e propria alleanza politica. Si direbbe, comunque, che nei primi mesi del conflitto la rivalità ideologica esistente in seno alle forze repubblicane non fosse considerata determinante e ancora molti mesi dopo l'inizio della guerra si potevano trovare socialisti e repubblicani all'interno di formazioni anarchiche, oppure anarchici in forza alla milizia dei partiti come il POUM e in seguito perfino nelle Brigate Internazionali.

In genere, comunque, i volontari stranieri erano accolti con favore, in quanto si trattava di combattenti ideologicamente inquadrati e molto determinati; inoltre, a differenza dei loro compagni spagnoli, c'era sempre qualcuno con conoscenze di tattica militare, se prestato servizio nella Grande Guerra. La presenza straniera nelle file della milizia assumeva poi un'incalcolabile importanza dal punto di vista del morale. L'immaginario popolare era indotto a considerare che i volontari giunti dall'estero fossero in genere combattenti più esperti, solo per il fatto i loro paesi avevano partecipato alla prima guerra mondiale e proprio il 'bagaglio di esperienza' era, in definitiva, quello che maggiormente difettava alla milizia, dove l'entusiasmo e la buona volontà non riuscivano a colmare le lacune della preparazione militare. Nelle milizia erano stati introdotti metodi di comando e di disciplina ispirati dall'ideologia di appartenenza, per cui in molti casi gli ufficiali e i sottufficiali venivano eletti fra i componenti dei reparti, oppure si adottavano i principi dell'autodisciplina e dei consigli dei soldati, come sperimentato dalle unità anarchiche. La formazione di più ampio livello della milizia - ovvero la *Columna* – originava dalle unità dei guerrilleros al tempo della guerra contro Napoleone e rifletteva una struttura militare orizzontale, nella quale potevano confluire gruppi armati che agivano con diverse modalità. Si trattava di un modello che si adattava perfettamente alle esigenze ideologiche e militari della maggior parte delle formazioni della milizia, nelle quali i principi di eguaglianza e quelli assembleari sostituivano le regole degli eserciti tradizionali. Al contrario le formazioni comuniste legate al Comintern furono quelle in cui si adottò da subito una disciplina più rigida, simile a quella dei reparti regolari dell'esercito, che

▲Questa foto fu scattata a Barcellona nell'autunno del 1936 e ritrae un gruppo di volontari giunti dall'Ungheria. La maggior parte di loro indossa l'isabelino completo di nappa di lana rossa e tute di cotone mono di vari colori sopra gli abiti civili, abbigliamento tipico dei primi mesi di guerra. L'insegna dell'unità - qui montata alla maniera di uno striscione - era su fondo rosso con scritte in giallo o bianco; il reparto era intitolato al segretario del partito comunista ungherese in esilio. Al pari di molti volontari giunti dall'Europa orientale, al termine della guerra civile gli ungheresi affrontarono una vera e propria odissea, che per molto di loro si concluse tragicamente nei lager nazisti. *(archivio dell'autore)*

This photo was taken at Barcelona in the autumn of 1936, showing a group of Hungarian volunteers. Most of them are wearing the isabelino cap with red tassel and piping and mono overalls of varying colours. The unit's flag – carried as a banner – was on a red background with white or yellow letters. This unit was given the title of secretary to the Hungarian Communist Party in exile. At the termination of the civil war, many of these Hungarians tragically moved over to the Nazis. (Author's archive)

contrastava nettamente con le norme che regolavano le attività delle altre milizie e questo fu alla base di infinite discussioni fra i diversi orientamenti dei comandi repubblicani. Fra l'ottobre del 1936 e il marzo successivo, con la definitiva incorporazione nell'esercito regolare di tutta la milizia, quest'ultima schierava in prima linea oltre 100.000 uomini; di questi quasi la metà apparteneva alle unità della CNT-FAI, ripartite nelle roccaforti in Aragona, a Madrid e in Catalogna. Altri 6.000 uomini - più 2.000 in riserva – appartenevano al POUM e si trovavano schierati sul fronte di Aragona, mentre il rimanente proveniva dalla UGT, dalle organizzazioni giovanili della sinistra, dalle fila del partito comunista e dagli altri partiti del Frente Popular. Si trattava di una massa eterogenea di combattenti, spesso difficilmente controllabile, che si abbandonò a inutili eccessi ma che si battè con coraggio, nonostante fosse afflitta da un armamento insufficiente e spesso priva di artiglieria pesante, con mezzi di trasporto improvvisati o addirittura inesistenti. L'entusiasmo e la fiducia nella rivoluzione, dopo che a Barcellona, a Madrid, a Valencia e in altre città la rivolta dei militari era stata sconfitta, generò alcuni paradossi, per cui molti miliziani consideravano normale, specie nelle prime settimane di guerra, interrompere i combattimenti per la siesta, oppure semplicemente tornare a dormire nelle proprie case lasciando il fronte sguarnito: la dura realtà della guerra cancellò in breve tempo tutto ciò. Il numero complessivo degli stranieri nella milizia popular – e che di fatto rimase al di fuori delle Brigate Internazionali – è molto difficile da stabilire, ma potrebbe essere asceso a 3.000-4.500 volontari, fra cui numerose donne, impiegate a volte in prima linea, almeno fino al 30 ottobre del 1936, cioè fino a quando il governo – con l'editto 'uomini al fronte e donne nelle retrovie' - decise di proibirne la presenza nei ranghi combattenti, destinando tutte le ragazze ai servizi sanitari, a quelli logistici o di supporto.

UNITÀ INTERNAZIONALI COMUNISTE E SOCIALISTE

Il partito comunista spagnolo aveva dato vita già negli anni '30 a una milizia di partito attraverso la costituzione della MAUC (Milicias Antifascistas Obreras y Campesinas). Anche se si trattava di un partito relativamente piccolo, il PCE era guidato da dirigenti molto abili nell'organizzazione dell'attività di propaganda e nella mobilitazione dei militanti. Nonostante l'atteggiamento attendista del Comintern, i comunisti spagnoli si dettero molto da fare per il coinvolgimento internazionale nella lotta contro i nazionalisti, raccogliendo aiuti e formando reparti ben organizzati. L'impostazione gerarchica nelle formazioni dei partiti come il PCE o il PSUC e delle organizzazioni sindacali come la UGT e del partito socialista appariva più tradizionale, benché anche al loro interno gli incarichi di comandi fossero a volte decisi collegialmente, almeno quelli dei gradi inferiori. Altre formazioni, come il *Quinto Regimiento*, riprodussero invece al loro interno una struttura simile a quella dell'Armata Rossa e introdussero nello stato maggiore una delle figure tipiche dell'organizzazione militare sovietica, come il commissario politico, grado destinato a rivestire un'importanza cruciale nell'esercito repubblicano. Il prestigio e l'efficienza del *Quinto Regimiento* lo resero in breve tempo un polo d'attrazione per molti di coloro che desideravano unirsi alla milizia,

▼Una delle rare immagini del battaglione Giustizia e Libertà della colonna Francisco Ascaso della CNT-FAI, al suo arrivo sul fronte di Huesca in Aragona nell'agosto del 1936. Il reparto, costituito a Barcellona da Carlo Rosselli e Camillo Berneri, comprendeva anarchici, socialisti, repubblicani e altri antifascisti italiani e fu posto al comando di Mario Angeloni. All'alba del 28 agosto 1936 il battaglione sostenne il primo combattimento, respingendo un assalto nemico nel settore di Monte Pelato. Le trincee erano ancora incomplete, ma al riparo di enormi cumuli di grano e di paglia, lungo la strada Saragozza-Huesca, gli italiani aprirono il fuoco sul nemico che avanzava sul fianco sinistro; il comandante Angeloni, che dormiva accanto alla piazzola della prima mitragliatrice, balzò in piedi e ordinò un'altra mitragliatrice di spostarsi a sinistra in difesa dei fucilieri, prese poi un tascapane pieno di bombe a mano e si diresse verso la prima linea, ma venne abbattuto da una raffica partita da un autoblindo sulla strada. I volontari italiani si batterono con coraggio e nonostante le loro improvvisate difese riuscirono a respingere l'attacco, condotto da 700 uomini appoggiati da mitragliatrici, autoblindo e da una batteria di cannoni.
(archivio dell'autore)

A rare image of the battalion Giustizia e Libertà of the CNT-FAI Francisco Ascaso Column, at Huesca, Aragon, August 1936. This unit, formed in Barcelona by Carlo Rosselli and Camillo Berneri, included anarchists, socialists, republicans and other Italian anti-fascists. The republican Mario Angeloni was elected as first commander. The battalion received his baptism of fire at the dawn of August, 28th. Despite the incomplete trenches and the stronger enemy force supported with artillery and armoured cars, the Italians fought with determination and repulsed the attacks, but they lost their commander Angeloni.

sia perché i comunisti davano l'impressione di maggiore concretezza, moderazione e disciplina rispetto alle altre organizzazioni politiche, ma anche per i loro canali di approvvigionamento, i quali - grazie ai collegamenti con lo stato maggiore repubblicano - li beneficiavano degli aiuti dall'apparato logistico del ministero della guerra. Per molti versi il *Quinto* costituì il modello di riferimento della milizia del PCE e del PSUC, traendo vantaggio dalla presenza di militari di professione, così che gli stranieri presenti acquisirono un'esperienza militare immediatamente utile quando si trattò di organizzare le Brigate Internazionali. Prima di entrare a far parte dello stato maggiore delle brigate, fra gli *attaché* stranieri del *Quinto Regimiento* troviamo gli italiani Luigi Longo e Giuseppe di Vittorio. La prima grande unità straniera di ispirazione comunista fu la *Centuria Thaelmann*, costituita alla fine di agosto del 1936 a Barcellona, formata da volontari di lingua tedesca e da altri giunti dalla Svezia, dalla Norvegia e dalla Danimarca. Dai primi di settembre gli uomini del Thaelmann combatterono sul fronte di Aragona, a Huesca, Tardienta e Alcubierre, appoggiati da un ingegnoso camion corazzato di loro invenzione. In Aragona l'unità fu inquadrata all'interno dei corpi della milizia repubblicana e ricevette una serie di denominazioni che ne rendono difficile l'identificazione: ai primi di settembre costituiva la *31 Centuria del Batallón Maxim Gorki* della *Columna 19 de Julio*; quindi divenne la *Centuria Thaelmann del Batallón 19 de Julio* della *Columna Carlos Marx*. Il 25 ottobre, trasferita ad Albacete per l'addestramento, la centuria fu trasformata in un battaglione e incorporata nella *9 Brigada Movil*, la quale originò a novembre la *XI Brigada Internaciónal*. La presenza di stranieri in Spagna aumentò notevolmente prima della fine dell'estate, nonostante la chiusura della frontiera francese. Molti di coloro che giunsero dall'estero attraversarono a piedi i Pirenei, percorrendo uno dei tanti sentieri di montagna della regione. Si trattava di volontari determinati, poiché molti fra loro si trovavano già nella condizione di fuoriusciti in Francia, Svizzera o in Belgio, dove esistevano associazioni e gruppi di residenti tedeschi, italiani e di altre nazionalità, con molti anni di esilio sulle spalle. La notizie giunte dalla Spagna rappresentarono per molti il segnale di ripresa della lotta e per questo i primi a raccoglierlo furono coloro che avevano già lasciato il proprio paese, specie quelli che possedevano più di una ragione per andare a combattere in Spagna, soprattutto dopo aver appreso che i nazionalisti godevano dell'appoggio militare di Germania e Italia. La prima formazione di volontari del Partito Comunista d'Italia in esilio si riunì a Barcellona e partì il 30 agosto per il fronte dell'Aragona, dove fu aggregata alle altre formazioni straniere all'interno della *Columna Carlos Marx*, con la quale affrontò per la prima volta il nemico nel settore di Huesca. Alla fine di agosto si formò un'altra unità di volontari italiani aderenti alla Terza Internazionale, denominata *Centuria Gastone Sozzi*, guidata da Angelo Antonini e successivamente da Gottardo Rinaldi, con l'*Ardito del Popolo* italo-brasiliano Francesco Leone come commissario politico. In seguito l'unità divenne la *22a Centuria della Columna Libertad*, una formazione della milizia popolare della Catalogna, ovvero del *Partit Socialista Unificat de Catalunya*. Il 9 settembre la centuria si trasferì col resto della colonna sul fronte di Madrid, dove

il giorno seguente affrontò in combattimento le truppe ribelli a Real Cenicientos, alla difesa della strada dell'Estremadura. Al momento di entrare in linea il reparto risultava formato da 86 italiani, 14 francesi, 2 belgi e 1 danese, più 2 ungheresi e 34 polacchi e, componenti questi ultimi la sezione mitraglieri col nome *Plotone Jaroslav Dabrowski*.

Fra i volontari francesi figuravano dei militari di professione - anche di grado elevato - come il tenente colonnello Jules Vincent, accorso al servizio del governo di Madrid una volta appreso della rivolta dei generali. Fra il 16 e il 18 ottobre gli uomini della *centuria Sozzi* combattono duramente a Chapineria, prima di essere inviati nelle retrovie e quindi ad Albacete, base delle Brigate Internazionali, dove i superstiti formarono la terza compagnia del battaglione *Garibaldi*. Nelle unità del PCE e del PSUC si formarono anche i primi raggruppamenti di volontari dell"'Europa centrale. Sempre all'interno della colonna *Carlos Marx* si formò in Catalogna ai primi di settembre del 1936 la *Centuria 38 Dimitrov*, in onore del segretario del Comintern, formata da volontari bulgari, polacchi e cechi, mentre un altro raggruppamento, composto in prevalenza da ungheresi, fu aggregato nella stessa colonna e assunse la denominazione *Grupo Rakosi*. Quest'ultimo contingente, costituitosi all'interno della JSU catalana, raggruppava una quarantina di appartenenti al disciolto partito comunista ungherese, provenienti quasi tutti dall'URSS, dove si erano rifugiati a partire dagli anni Venti; si trattava dell'avanguardia dei circa 600 emigrati politici di varie nazionalità che il Comintern inviò verso la Spagna per formare le Brigate Internazionali, una maniera molto conveniente per disfarsi di questa presenza e infiltrare agenti dello NKVD. Assieme ai semplici volontari e agli agenti segreti giunsero dall'URSS anche i futuri principali comandanti del contingente internazionale, combattenti rivoluzionari di prim'ordine usciti dall'accademia militare di Frunze, come Manfred Stern: *Emilio Kleber*, Maté Zalka: *Paul Lukacs*, Janos Galicz: *General Gal*, Wilhelm Zeisser: *Gomez*, Karol Świerczewski: *Walter* e molti altri, nonché importanti membri del partito comunista italiano in esilio, come Palmiro Togliatti e Giancarlo Pajetta, destinati a rivestire importanti ruoli una volta costituite le Brigate Internazionali. Una parte delle milizie mobilitate dal PSUC in Catalogna, comprese quelle in cui si trovavano volontari stranieri, accorse urgentemente sul fronte di Madrid, dove ai primi di settembre partecipò ai combattimenti contro i nazionalisti che avanzavano verso la capitale. Rispetto agli scontri sostenuti fino allora in Aragona, quelli attorno alla capitale furono assai più violenti e le improvvisate unità dei miliziani scontarono duramente l'impreparazione dei comandanti e l'inadeguatezza dell'armamento, costituito da vecchi moschetti sequestrati negli arsenali dell'esercito e quasi sempre di tipo non omogeneo, col risultato che all'interno di una stessa unità esistevano armi di calibro diverso, con effetti deleteri sulla regolarità del munizionamento. I primi volontari internazionali combatterono principalmente sui fronti di Aragona e di Madrid, ad esclusione di alcune piccole formazioni che ricevettero il battesimo del fuoco nei Paesi Baschi, dove erano accorse già alla metà di agosto a difesa di Irún. Questa località rappresentava l'unico accesso attraverso il quale la regione nord occidentale rimasta fedele alla repubblica poteva sperare di approvvigionarsi di armi e rifornimenti dalla vicina Francia.

Le formazioni della milizia presenti nel settore erano dirette dal socialista francese Jacques Menachem, ex capitano dell'*Armée de Terre*. In tutto gli stranieri ammontavano a una sessantina di volontari di una decina di nazionalità: il gruppo *Valery Wroblesky*, guidato dal comunista polacco *Francisco Palka*, comprendente 9 uomini; il gruppo *Edgar André*, formato da dieci tedeschi, fra cui il loro capo, un comunista conosciuto col nome di battaglia *el alemano rojo Papa*; un gruppo di una decina di italiani guidati dal comunista istriano Remigio Maurovich, vecchia conoscenza della polizia politica fascista, riuniti nel gruppo *Gorizia*; infine un piccolo gruppo guidato da un veterano della *Legion Etrangere* di origine boema, assieme a un ebreo di Bessarabia di nome Leib Jampolski – poi commissario politico nell'XI Brigata Internazionale - e formato da tre volontari tedeschi, un polacco, un francese e un belga. Altri volontari stranieri, compresi alcuni spagnoli residenti in Francia, si trovavano nelle unità basche e nelle milizie dei partiti locali. Il contingente appariva molto composto dal punto di vista politico: i miliziani erano in massima parte anarchici, comunisti catalani e indipendentisti baschi; a parte i capi, in pochissimi potevano vantare una qualche esperienza di combattimento.

Fra i volontari stranieri si trovavano meccanici, autisti, marinai, studenti e anche l'età dei combattenti era molto varia, erano presenti perfino un padre con suo figlio: i francesi Louis e Henry Brion. L'armamento in dotazione doveva essere piuttosto assortito e con ogni probabilità in quantità non sufficiente per tutti; infatti non passa inosservato fra i difensori il miliziano Attilio Galeazzi, schierato come 'lanciatore di bombe'.

Molti fra i volontari italiani erano espatriati da tempo nella vicina Francia e alcuni possedevano esperienze di combattimento, come l'anarchico Alessio Donati, sottufficiale di artiglieria durante la Grande Guerra. Sottoposti al bombardamento da parte dell'aviazione e dell'artiglieria nazionalista, i difensori subirono forti perdite senza poter rispondere al fuoco, mentre gli avversari procedevano a conquistare il Monte Picoqueta, avanzando verso il villaggio di San Marcial, a nord di Irún. Gli avversari miravano a togliere ai difensori il controllo delle vie di comunicazione con la Francia e la Catalogna, tanto che il 3 settembre erano ormai sul punto di conquistare il ponte di Hendaye, che univa Irún alla frontiera. Attorno a quell'obiettivo strategico si intensificarono i combattimenti, proseguiti fino alla sera del 4 settembre, quando - esaurite le munizioni - i miliziani furono costretti a ripiegare. Gli italiani Maurovich e Donati rimasero uccisi sul ponte di Hendaye, attraverso il quale era appena transitato un gran numero di civili diretti in Francia; ferito durante la battaglia, un altro italiano di nome Arrigo Gojak fu assassinato il giorno seguente dai nazionalisti nell'ospedale di Irún. Un antifascista tedesco, di nome Stern, si spense invece in un nosocomio francese, mentre il volontario Giovanni Battista Frati, ferito in combattimento, ricevette le prime cure in un'infermeria della *Gendarmerie* francese.

Molti miliziani si rifugiarono oltre confine e passarono la frontiera mostrando le cartucciere vuote alle guardie francesi. Complessivamente nei combattimenti intorno a Irún persero la vita sei volontari italiani.

UNITÀ INTERNAZIONALI ANARCHICHE

Negli anni '30 una parte considerevole della popolazione spagnola aderiva o simpatizzava per l'ideologia libertaria, la quale poteva contare su un'efficientissima organizzazione sindacale, che nelle roccaforti in Catalogna e Aragona raggruppava quasi la metà dei lavoratori iscritti ai sindacati. Sotto la sigla della FAI (*Federación Anarquista Iberica*) e della CNT agivano circoli e associazioni culturali in contatto con le organizzazioni libertarie all'estero, ma – a differenza del Comintern – gli anarchici non allestirono mai centri per arruolare volontari stranieri o per facilitare il loro ingresso in Spagna. L'unica eccezione fu costituita dalla sezione francese della CNT di Puigcerdà, una località situata sul confine orientale dei Pirenei, in territorio spagnolo. La cittadina si trova a meno di un chilometro dalla frontiera francese e fu scelta nel luglio del 1936 come base per l'ufficio di propaganda oltre i Pirenei, in modo da rafforzare la collaborazione fra gli anarchici dei due Paesi confinanti. Dal marzo del 1937 la sezione iniziò ad assolvere anche il ruolo di centro di transito per gli aiuti e per i volontari anarchici diretti in Catalogna. La sezione, fra mille difficoltà, rimase attiva fino al maggio del 1937, quando chiuse i battenti per mancanza di fondi e per la frustrazione conseguente ai disordini di Barcellona.

L'afflusso dei volontari nella milizia confederale avvenne perciò attraverso le vie più disparate, sull'onda dello spontaneismo dei militanti; pur tuttavia conobbe una vera e propria ondata di adesioni alla fine dell'estate del 1936. Per primi furono naturalmente i francesi – e con loro gli anarchici italiani esuli in Francia – ad accorrere per combattere contro gli insorti, dimostrandosi molto attivi nel dare vita alle prime unità su base nazionale. La polizia fascista prese nota in quelle settimane di molti espatri clandestini che avevano per protagonisti anarchici italiani da tempo sotto stretta sorveglianza, i quali, con proverbiale temerarietà, raggiunsero la Spagna attraverso i percorsi più disparati: Adriano Ferrari, Renzo De Peretti ed Enzo Costantini, i tre anarchici italiani uccisi a Barcellona dalle *Guardias de Asalto* nel maggio del 1937, si erano arruolati a gennaio nella milizia della CNT dopo aver disertato da un reparto del Corpo Truppe Volontarie di Mussolini; più lunga ma meno rischiosa la via percorsa dai 'sovversivi' Calamassi, Cocco e Guerrieri, della colonna confederale *Francisco Ascaso*, che avevano raggiunto Chambery valicando a piedi i passi alpini e da lì si erano diretti a Marsiglia per imbarcarsi destinazione Barcellona.

Il rifiuto della disciplina e dei modelli tradizionali degli eserciti borghesi, portò nella milizia all'adozione di una terminologia del tutto inedita per indicare le funzioni e i reparti, anche se in alcuni casi si trattava soltanto di differenze apparenti. L'assetto organizzativo delle colonne della CNT-FAI influenzò anche le altre milizie, fra tutte quella del POUM catalano, partito marcatamente antistalinista e principale alleato degli anarchici. Alla base della milizia esistevano le assemblee, per cui tutte le decisioni venivano prese attraverso il principio della democrazia diretta, abolendo a questo modo la gerarchia militare tradizionale. L'unità militare più piccola era il *grupo* o *pelotón* di 25 miliziani, agli ordini di un delegato eletto dall'assemblea, ma revocabile in qualsiasi momento. Quattro o più *grupos* formavano una *centuria* - guidata allo stesso modo da un ufficiale delegato - e quindi quattro o cinque centurie costituivano una *agrupación* o *batallón*. Un minimo di due battaglioni dava infine vita a una *columna*. Naturalmente anche i comandi più elevati rispettavano il mandato assembleare, tuttavia nella milizia della CNT-FAI esisteva una sorte di stato maggiore permanente, dove accedevano i miliziani in possesso di conoscenze

---

I VOLONTARI ITALIANI

Grazie al lavoro dell'Associazione Italiana Combattenti Volontari Antifascisti in Spagna è possibile esaminare un campione di 140 volontari, per i quali è stato possibile ricostruire una biografia sufficientemente dettagliata, risalendo per molti di essi alla data e al luogo di nascita, la professione e altri elementi utili a formare un quadro statistico sufficientemente ampio. Nel campione figura anche una donna, l'anarchica milanese Angelica Astolfi, segnalata a Barcellona nel 1938. Un volontario risulta nativo di Rodi, con nome e cognome inequivocabilmente greci, ma residente a Imperia; altri due volontari provengono dalla Svizzera e quindi potrebbe trattarsi di cittadini elvetici di lingua italiana.

provenienza:

espatriati all'estero prima del 1936	emigrati prima del 1921, o figli di emigrati:	fuoriusciti dall'Italia dopo il 1936:	incerti:
47,2%	28,9%	16,7%	7,2%

Professione:

operai	artigiani	contadini	commercio	trasporti	militari	insegnanti	altre prof.*	n.d.
31,6%	17,9%	7,3%	6,3%	6,3%	2,1%	2,1%	2,7%	23,7%

* 1 avvocato; 1 attore teatrale; 1 assicuratore; 1 pubblicista; 1 redattore.

Note: fra i militari ci sono due sottufficiali e un tenente-colonnello: il novarese Paolo Avogadro, espulso dal Regio Esercito dopo scoperta la sua affiliazione a Giustizia e Libertà ed espatriato clandestinamente nel 1938.

Età in anni:

sotto ai 21	da 22 a 30	sopra 31	sopra 40	sopra 50	età sconosciuta
2,8%	26,9%	46,8%	11,4%	4,2%	7,9%

specifiche militari, riuniti nel *Consejo Técnico-Miltar*, immediatamente subordinato al *Comité de Guerra*, l'organismo di direzione politico-militare delle colonne. Anche ai livelli più alti le cariche restavano elettive, ma una volta stabilite le gerarchie l'autodisciplina imponeva ai miliziani di obbedire agli ordini, almeno fino alla successiva assemblea. Nella famosa *Columna Durruti*, guidata dal celebre e stimato leader sindacalista, prese posto nel *Consejo Técnico* anche un comandante delegato per i volontari internazionali, nella persona del francese Louis Berthomieux.

Grazie alle ricerche di David Berry, che ha potuto investigare negli archivi della CNT-FAI, è possibile ricavare un quadro più ampio della partecipazione francese nella fila delle milizie anarchiche e in seconda battuta della presenza internazionale nelle stesse unità a partire dal luglio 1936. Sulla scorta di 332 nominativi di anarchici francesi che a vario titolo si trovavano in Spagna, presumibilmente prima del maggio del 1937, 225 ricoprono ruoli combattenti nella milizia confederale.

Le liste rinvenute comprendono anche nominativi di italiani, tedeschi, svizzeri, bulgari, russi, cechi, portoghesi, belgi, olandesi e altri di nazionalità indeterminata. Per ammissione del compilatore, questo elenco è lungi dall'essere completo e soprattutto non tiene conto dei volontari con nomi catalani, spagnoli e baschi che potrebbero essere di nazionalità francese, oppure di qualche paese del Sud America.

La maggior parte dei volontari giunti dalla Francia, ovvero 157, transitò nella colonna *Durruti*, mentre altri 37 stranieri, perlopiù francesi, sarebbero confluiti nella colonna *Ortiz* prima della fine del 1936, riunendosi coi 10 volontari francesi già presenti alla fine di luglio. Altri 10 francesi figurano inquadrati nella colonna *Los Aguiluchos*; 5 nella *Columna Libertad* e uno ciascuno nelle colonne *Españole*, *Hilario Zamora*, *Garcia Oliver* e *Aviatores*; tutte schierate sul fronte di Aragona, tranne la colonna *Libertad* assegnata alla difesa di Madrid. Secondo la stessa fonte 19 miliziani francesi militarono anche nella Sezione Italiana della *Columna Ascaso*. Nella stessa colonna fu formato il 25 luglio del 1936 il *Grupo Eric Müsham*, comprendente volontari dalla Germania e dalla Svizzera. Alla fine di agosto i volontari francesi e italiani della colonna *Durruti* si unirono per formare un raggruppamento di una cinquantina di uomini, che prese il nome di *Grupo Sébastien Faure* - dal nome del pedagogista libertario nativo di Saint Etienne – e che andò a formare la *1a Centuria Internaciónal Anarquista*. Assieme al movimento anarchico, le prime organizzazioni antifasciste italiane a incitare dall'estero i propri aderenti a intervenire in Spagna, furono *Giustizia e Libertà*, il Partito Socialista Massimalista, la minoranza bordighista del Partito Comunista e il Partito Repubblicano. Con loro si trovarono d'accordo anche alcuni comunisti e socialisti riformisti, contrari alle direttive attendiste del P.C.d'I. e del P.S.I. i quali - secondo le indicazioni delle rispettive Internazionali - continuavano ad invitare i propri iscritti a raccogliere fondi, viveri e medicinali per la Repubblica Spagnola, ma non a sostenerla con le armi. L'aggregazione dei volontari all'interno di queste milizie non sempre risultò regolata dall'appartenenza politica e

▲Emilio Canzi e Giuseppe Mioli, volontari nella colonna Francisco Ascaso. Emilio Canzi (a sinistra), poi a capo di una brigata della 26a divisione (ex columna Ascaso), era stato sergente dei bersaglieri nella Grande Guerra e successivamente organizzatore degli Arditi del Popolo a Piacenza; espatriato alla fine del 1928 accorse in Spagna alla notizia del colpo di stato militare per arruolarsi nella milizia della CNT-FAI. Amareggiato - al pari di molti altri anarchici italiani - dalle vicende della politica repubblicana, il 'colonnello anarchico' abbandonò le armi, ma dopo l'8 settembre fu uno dei principali leader della Resistenza nel Piacentino. Canzi morì per un incidente stradale nel novembre 1945, dopo aver donato tutti i suoi averi al personale dell'ospedale in cui era stato ricoverato. Canzi e Mioli indossano la tipica tuta mono di cotone pesante - sabbia o marrone chiaro - buffetterie e fondina della pistola Astra di fabbricazione locale in cuoio marrone. Il basco nero alla spagnola non reca alcun distintivo e spesso sostituiva il più comune gorrillo rosso e nero dei miliziani della CNT-FAI.

Emilio Canzi and Giuseppe Mioli, Italian volunteer in the anarchist Francisco Ascaso column. Canzi (left), from 1937 was brigade commander of the 26th division (ex columna Ascaso), was a WWI sergeant of the Bersaglieri. Canzi and Mioli wear the typical mono cotton overall in sand or light brown, with dark brown leather belts and Astra pistols with holders. The black Spanish boina cap does not have any badges or symbols were often worn with alternating red-black gorrillo, of the CNT-FAI militia.

proprio nel caso degli antifascisti italiani sono numerosi gli esempi di convivenza fra volontari di differente ideologia.

E' attribuita all'anarchico Camillo Berneri la prima proposta di formare una milizia nella quale tutti gli antifascisti italiani avessero accesso senza riguardi all'ideologia. L'opportunità fu colta da altri esuli antifascisti e così si pervenne a un accordo nel quale i non anarchici accedevano a una colonna patrocinata dalla CNT, a loro volta gli anarchici rinunciavano a conferire all'unità un carattere specifico della loro ideologia. Il 5 agosto 1936 veniva raggiunto l'accordo con gli altri partiti: "Gli anarchici italiani arruolati nella Milizia della C.N.T. e della F.A.I. - diceva l'ordine del giorno dell'assemblea - salutano fraternamente i volontari antifascisti italiani di Giustizia e Libertà, del Partito Socialista Massimalista, del Partito Repubblicano e dell'Azione Repubblicana Socialista, che hanno preferito, riconoscendo il grande ruolo dell'anarchismo spagnolo nella lotta contro il fascismo, la nostra alle altre milizie". Fu quindi istituito un comitato di coordinamento, con il compito di verificare e utilizzare al meglio le conoscenze tecniche e militari dei diversi membri della milizia neo-costituita. Circa 130 volontari italiani andarono a ingrossare le fila della *Columna Francisco Ascaso,* formata a Barcellona nell'agosto del 1936 da anarchici catalani e aragonesi. Gli italiani guidati da Carlo Rosselli aderirono ala proposta di Berneri e si riunirono in una *Sezione* nota come *Colonna Giustizia e Libertà,* strutturata su una mezza compagnia di fucilieri e una di mitraglieri.

L'accoglienza nelle unità della CNT-FAI di così tanti volontari non allineati sulle posizioni degli anarchici testimonia, da un lato, la supremazia di queste formazioni nello schieramento antifascista e, dall'altro, un modo per catalizzare la presenza di volontari stranieri nella propria milizia, col fine di contrastare le analoghe iniziative dei comunisti, specie quelli legati al Comintern. In questo senso andava probabilmente anche la proposta avanzata da un rappresentante della CNT di Barcellona in un'assemblea dei primi di agosto del 1936, di impedire l'afflusso di stranieri, motivandolo col presupposto di mantenere il movimento rivoluzionario su una dimensione autoctona. In effetti l'assemblea deliberò di affiancare per qualche tempo i milizieni anarchici alle guardie di frontiera catalane, in modo da intensificare i controlli sul confine.

Ma prima della fine dell'estate numerosi volontari di varia provenienza stavano già partecipando ai combattimenti in Aragona inquadrati nella formazione straniera più importante fra quelle della CNT-FAI, il *Grupo Internacional* della Colonna *Durruti.* Ai primi di novembre una parte di questa colonna, che schierava ormai un totale di quasi 7.000 combattenti, si diresse a Madrid con Buenaventura Durruti stesso, mentre in Aragona, nel settore di Belchite, rimase un'altra grande unità confederale, la *Colonna Ortiz,* comprendente nel dicembre del 1936 alcune decine di internazionali. Nonostante l'iniziale ostilità verso la presenza straniera, tutte le formazioni anarchiche comprendenti volontari arrivati dall'estero furono inviate da subito sul fronte di guerra. La colonna *Ascaso* giunse in Aragona alla metà di agosto del 1936, compresa la *Sezione Italiana* agli ordini di Carlo Rosselli e del repubblicano perugino Mario Angeloni, espatriato clandestinamente dall'Italia nel 1932; in qualità di 'Responsabile Politico' era stato designato l'anarchico bolognese Vindice Rabitti.

Dei due comandanti, Rosselli aveva pochissima esperienza militare, ma era quello più dotato delle qualità di leader; Angeloni, personalità molto brillante, sembrava in grado di stabilire un contatto diretto con i milizieni, ma pur essendo stato nell'esercito tendeva a trascurare la disciplina dei suoi uomini. La *Sezione* giunse al fronte con 150 combattenti, l'armamento pesante era costituito da quattro mitragliatrici, munizioni ed equipaggiamento erano state trasportate a dorso di mulo. Assieme ad altre milizie coinvolte nei combattimenti sul fronte di Aragona, la colonna *Ascaso* ricevette il battesimo del fuoco all'alba del 28

▼ L'immagine si riferisce a una sfilata avvenuta il 14 marzo 1937 a Barcellona e mostra un gruppo di appartenenti al Batallón de la Muerte, una delle formazioni internazionali costituitesi in Catalogna all'indomani del colpo di stato militare. Il battaglione si formò attorno a un gruppo di anarchici italiani esuli in Catalogna, al quale si unirono altri italiani giunti dalla Francia e dal Sudamerica. Nel febbraio del 1937 il capo dell'unità, l'italo argentino Candido Testa, riuscì a ottenere dal governo catalano i fondi per equipaggiare i suoi uomini in vista della sfilata che si tenne alla presenza del presidente della Generalitat, Lluis Companys. Il reparto vestiva con sahariana kaki indossata sopra un maglione nero a collo alto; calzoni kaki sciolti o legati alla caviglia e buffetterie di cuoio scuro. Il pugnale appeso alla cintura si ispirava probabilmente a quello degli arditi italiani della grande guerra, ma il basco nero con la testa di morto ricamata e l'aspetto complessivo della tenuta sembrarono una goffa imitazione delle uniformi fasciste e ciò attirò su Testa le critiche di molti dei presenti. In altre foto di quella sfilata compaiono alcune ragazze vestite con la medesima uniforme, ma la loro presenza nel battaglione deve essere avvenuta solo in occasione della parata.

The Batallón de la Muerte, here portrayed during a parade in Barcelona, was formed in the late summer 1936 by Italian anarchists in Catalonia. In February 1937, the leader Candido Testa – an Italian from Buenos Aires – raised funds to dress his men, but attracted criticism for choosing a uniform judged too similar to the fascist one. (Author's archive)

agosto, quando respinse un assalto dei nazionalisti sul *Monte Pelato*, una prominenza dell'altopiano di Galocha, situato fra le cittadine aragonesi di Huesca e Almudévar. Gli attaccanti erano appoggiati dal tiro di un cannone e da alcune autoblindo, tuttavia i miliziani si difesero con ostinazione e dopo quattro ore di combattimento respinsero i nazionalisti, pur subendo molte perdite, fra cui il comandante Mario Angeloni, caduto assieme ad altri sette volontari italiani del suo reparto.

Il comando della sezione passò a Giuseppe Bifolchi, già sottufficiale durante la Grande Guerra. Gli altri miliziani stranieri presenti nelle colonne della CNT parteciparono assieme ai loro compagni catalani e aragonesi alla battaglia di Pina de Ebro, del 16 ottobre 1936, conclusasi con una vittoria a caro prezzo per i repubblicani. Nello scontro, probabilmente il più violento sostenuto fino ad allora, persero la vita 80 volontari stranieri. Nell'altro settore del fronte aragonese, al termine dell'offensiva nazionalista su Perdiguera dell'ottobre del 1936, il gruppo internazionale della colonna *Durruti* aveva perduto in combattimento 170 uomini sui 240 che schierava all'inizio dell'offensiva. Al pari di altre unità anarchiche, il gruppo internazionale era considerato un'unità di assalto e come tale fu impiegato in battaglia, accumulando un tragico primato di perdite in combattimento, culminato con la tragica azione del 22 ottobre nella battaglia di Perdiguera, quando 37 volontari stranieri rimasero isolati dal resto dell'unità: accerchiati e senza speranza di ricevere aiuti, caddero uno dopo l'altro senza arrendersi; fra questi il giovane August Marx, volontario tedesco di soli diciannove anni.

Divenuti soldati della *Compania Internaciónal* della 26a divisione dell'esercito popolare, ai primi di aprile del 1937 i volontari stranieri della colonna assommavano a circa 130 uomini. Il 7 aprile la compagnia fu schierata in battaglia e lanciata all'assalto dell'Ermita de Santa Quiteria, una posizione strategicamente importante nel settore di Tardienta, dove anche nell'autunno precedente si erano svolti aspri combattimenti che erano costati molte perdite alla milizia repubblicana.

Nonostante un iniziale successo, grazie stavolta all'appoggio di un cospicuo numero di pezzi di artiglieria e di mortai, i repubblicani non riuscirono a isolare gli avversari a causa dello scarso coordinamento fra le forze e furono costretti a ritirarsi; la compagnia internazionale perse in quell'azione 16 uomini, altri 4 dispersi e 23 feriti. In quella battaglia persero la vita anche alcune ragazze dell'infermeria della colonna. Di tutte le formazioni della milizia popolare, quelle anarchiche registrarono al loro interno un'alta percentuale di donne, rimaste a fianco dei miliziani anche dopo l'editto dell'ottobre del 1936. Sembrerebbe che il maggior numero di volontarie straniere nelle file della CNT-FAI fosse di nazionalità francese, almeno 17 donne su 259 volontari identificati, e che la maggioranza si trovasse nella *Columna Durruti*; una di loro, Emilienne Morin, ricoprì l'incarico di coordinatrice dei servizi tecnici della colonna sul fronte di Aragona fino al dicembre del 1936. Anche se impiegate come infermiere o in altre mansioni nelle retrovie, alcune ragazze pagarono con la vita la loro partecipazione alla lotta.

A settembre era stata uccisa durante un assalto a Ferlete la ventiduenne francese Susanne Hans, mentre il mese seguente era stata la volta delle infermiere Georgette Kokoczinski e Juliette Baudard a rimanere vittime nei combattimenti di Perdiguera. Durante l'offensiva nazionalista in quel settore, il *Grupo Internaciónal* aveva perduto anche il proprio *General Delegado*, l'ex capitano dell'artiglieria francese Luois Berthomieux, sostituito il 16 ottobre dal venticinquenne funzionario della *Jeunesses anarchistes-communistes* parigina Roger Boutefeu, alias Coudry. Questi, assieme all'anarco-sindacalista di origini algerine Mohamed Saïl, fu poi accusato di diserzione, in seguito al suo ferimento e al ricovero a Barcellona, da dove sarebbe rientrato in Francia nel gennaio del 1937. Il clima di sospetti e di odio politico esistente nello stato maggiore dell'esercito di Aragona, generò la voce che Coudry si fosse ferito deliberatamente per tornarsene a casa e da questo sospetto dovette difendersi anche in patria.

Nonostante i casi di diserzione fossero tutto sommato abbastanza rari, la mobilità dei volontari stranieri all'interno delle milizie della CNT-FAI rende ardua la formazione di un quadro generale, lasciandoci una ricostruzione frammentaria della realtà.

Una delle più importanti azioni sul fronte Aragonese alla quale partecipò un'unità internazionale della milizia, fu il combattimento di Huesca, avvenuto fra il 6 e il 7 aprile 1937, quando la *Sezione Italiana* della colonna *Ascaso* tentò, assieme ai miliziani del POUM, la conquista del sito fortificato di Carrascal.

In quell'azione fu schierato un reparto di *Bomberos*, addestrati

Volontari stranieri nelle unità della CNT-FAI dall'agosto 1936 al gennaio 1937					
Aragona	Francesi	Italiani	Tedeschi	Svizzeri	Altri
Columna Durruti Grupo Internaciónal	151	65	120	12	65
Columna Ascaso:	25	240	29	5	52
Columna Ortiz:	16	18	10		19
Columna Los Aguiluchos:	7		40	3	2
Columna de Hierro:	2		3		6
Columna Aviatores:	2				
Columna Españole:	1				1
Columna Garcia Oliver:	1	2			
Columna Hilario Zamora:	1				2
Madrid					
Columna Libertad:	5				1
Columna Del Rosal (inclusa Bateria Sacco y Vanzetti):	1	30	10	2	

Fonti: Berry; Nelles; Enzensberger, Alpert e altri.

▲ Sul fronte di Huesca in Aragona le colonne della CNT-FAI comprendevano la maggior parte delle unità internazionali, come i battaglioni Giustizia e Libertà e de la Muerte all'interno della colonna Ascaso, e il Grupo Eric Müsham, formato da anarchici tedeschi, nella colonna los Aguiluchos. Nell'ottobre del 1936 questa formazione usò come insegna una bandiera rossa e nera con stella a tre punte e iscrizione in giallo.

The CNT-FAI column at the front of Huesca in Aragon, included most of the international units, as the battalions Giustizia e Libertà, the de la Muertein, the Ascaso column and the Grupo Eric Müsham, formed principally by German anarchists, in the los Aguiluchos column. This unit carried in October 1936 a red and black flag with yellow three points star and letters.

dall'anarchico abruzzese Antonio Cieri, il quale guidò personalmente l'azione ma rimase mortalmente ferito. La più conosciuta - e al tempo stesso controversa - unità straniera all'interno della milizia anarchica fu la *Centuria Malatesta*, sorta a Barcellona pochi giorni dopo la rivolta dei militari, per iniziativa del residente italiano Nicola Menna. La formazione aumentò le proprie fila con l'ingresso di anarchici italiani che vivevano in Catalogna e con altri accorsi alla notizia della ribellione militare. A settembre l'unità mutò la propria denominazione con il truce titolo *Batallón de la Muerte*, avendo scelto come simbolo teschio e tibie incrociate e schierando tre compagnie più una sezione di 'stato maggiore', inquadrate al pari di altre unità internazionali nella colonna *Ascaso*.

I membri del battaglione si riunirono per le sedute di addestramento in una fattoria nei pressi di Sàn Adrian de Besos, con le armi messe a disposizione dal consigliere economico della *Generalitat* di Catalogna, Diego Abad de Santillán. Le informazioni su questa unità sono a volte contraddittorie oppure diventano reticenti su alcuni importanti dettagli. Alcuni degli autori che si sono occupati delle milizie della CNT-FAI non menzionano mai il battaglione, mentre altre fonti ne parlano positivamente, oppure in modo totalmente negativo, riferendo aneddoti poco lusinghieri.

Alla metà di settembre del 1936 il battaglione si era scontrato per la prima volta con i nazionalisti con risultati tutt'altro che soddisfacenti. Nelle memorie del volontario italiano Francesco Scotti, raccolte da Davide Lajolo, si fa menzione del battaglione di anarchici italiani appena arrivato sul fronte di Aragona, nel settore di Huesca: "Ero da poco giunto in prima linea con la mia colonna, quando arrivò sul fronte uno strano reparto che si denominava Batallón de la Muerte. Erano anarchici rissosi e spacconi; venivano da Barcellona e si erano trasferiti sul nostro fronte per espugnare Huesca. Seccati dai nostri consigli di prudenza ci dissero brutalmente che ci avrebbero insegnato a fare la guerra. Partirono con i loro camion verso il caposaldo trincerato di Huesca. Scatenarono un uragano di fuoco, ma non passarono molte ore che risalirono sui camion e tornarono nelle retrovie". Dopo il fallimentare esito dello scontro di Huesca il battaglione fu mandato a riorganizzarsi alla base di Santa Perpetua di Mogoda e passò agli ordini dell'anarchico italo-argentino Candido Testa, alias Mario Weber. Non è chiaro chi il nuovo comandante avrebbe sostituito alla testa del battaglione, che secondo alcuni era stato guidato fino allora da Camillo Berneri, mentre è certo che questi, afflitto da problemi di vista, alla metà di settembre non si trovava più al fronte. Gli uomini del *Batallón de la Muerte* non mancarono comunque di farsi notare nella sfilata del 14 marzo 1937 a Barcellona, destando impressioni contrastanti, soprattutto per la lugubre uniforme di cui si erano dotati, giudicata troppo simile a quella delle *Camicie Nere*.

Nonostante il fervore libertario e l'alone di romantica dedizione alla causa rivoluzionaria che circondava i suoi componenti, la reputazione dell'unità continuava a essere ambigua. La stampa degli esuli italiani in Argentina descriveva il battaglione con toni entusiastici, illustrando le gesta del comandante e quelle dei suoi subordinati, come Emilio Strapellini, a capo della seconda compagnia: "trentino di Rovereto ed ex capitano degli Alpini, già segretario della Lega dei Diritti dell'Uomo a Parigi e che è stato per 54 mesi al confino nell'isola di Lipari (...) Tanto Testa che Strapellini, attraverso i volti ilari, non smentiscono la tempra d'acciaio dei combattenti italiani". Altri testimoni, invece, non manifestarono altrettanto entusiasmo e ammirazione: pochi giorni prima, un volontario aderente a *Giustizia e Libertà*, aveva scritto a un dirigente dell'organizzazione che diffidava di Testa, definendolo un truffatore, e del *Batallón de la Muerte*, che nessuno prendeva sul serio.

Altrettanto ambigua rimane la questione su chi furono i comandanti che si avvicendarono alla guida del reparto. All'indomani di una nuova debacle subita nell'assalto a una postazione avversaria a Santa Quiteria, nei pressi di Tardienta, nell'aprile del 1937 lo stato maggiore si convinse ad affidare il battaglione a un ufficiale esperto, da scegliersi fra una rosa di candidati, fra i quali Francesco Fausto Nitti, nipote dello statista, ex combattente della prima guerra mondiale e aderente a *Giustizia e Libertà*. Tuttavia Nitti – che altri autori collocano al comando di un'altra unità della CNT-FAI, il *Batallón Rojo y Nigro* – non farà mai cenno all'unità da lui guidata, contribuendo a rendere poco chiara tutta la vicenda. Pure le date riguardo la nomina dei comandanti non coincidono, se notiamo che Candido Testa, - considerato ancora capo del battaglione - alla metà di giugno si trovava in ospedale a Barcellona, a causa di una ferita ricevuta a Huesca. D'altronde anche i documenti ufficiali aumentano l'incertezza. Un rapporto sullo stato di forza della CLIII *Brigada Mixta*, datato 27 novembre 1937, certifica che Nitti si trovava al comando del terzo battaglione della brigata e qualora quest'ultimo avesse comandato il *Batallón de la Muerte* dal 19 maggio al 15 luglio 1937, si potrebbe dedurre che il reparto era diventato, una volta riorganizzato da Nitti, uno dei battaglioni della brigata.

Supponendo però che Nitti fosse al corrente delle vicende dell'unità e della reputazione di Candido Testa, è altrettanto probabile che abbia preferito tacere su tutta la vicenda, affrettandosi ad accettare la nomina a comandante di una batteria d'artiglieria nella CXL brigata. D'altro canto nelle memorie del comandante in capo dell' *Ejercito de Aragón*, Vicente Guarner, si citano diverse unità straniere all'interno delle formazioni della milizia, in particolare le centuria *Giustizia e Libertà* e il *Batallón de la Muerte* e in queste riferisce di un'inconcludente azione offensiva condotta dal battaglione ad Almudevar.

In seguito Guarner ricorda il trasferimento di tutti i miliziani ancora in grado di combattere nel settore di Montalbán, nella zona di Calamocha,

▲Sotto le bandiere nere e rosse della CNT-FAI avanzano dietro il loro striscione i volontari stranieri della Columna Durruti, nel corso di una sfilata a Barcellona nell'ottobre del 1936. Mentre nella colonna Ascaso molti degli stranieri provenivano dall'Italia, nella Durruti fu predominante la presenza francese. *(archivio dell'autore)*

The anarchist's red and black flags opening the parade of the Durruti column's international volunteers in Barcelona, October 1936. While in the Ascaso column the foreign presence was mainly from Italy, in the Durruti French outnumbered other nationalities. (Author's archive)

dove rimasero coinvolti in una serie di scontri, terminati in maniera alterna e subendo sempre molte perdite.

Alla fine dell'estate del 1937 il battaglione sarebbe stato disciolto e la maggior parte dei suoi membri rientrata in Francia, mentre una parte avrebbe accettato di trasferirsi nella XII Brigata Internazionale. Invece, secondo Carlos Engel - autore della *Historia de las Brigadas Mixtas en el Ejercito Popular* - nel maggio del 1937 il battaglione si trovava inquadrato nella CXLII brigata mista, assieme a un battaglione basco e uno spagnolo. Al comando del reparto era stato eletto l'italiano Alessandro Contini; poi, nell'ottobre seguente, l'intera brigata sarebbe stata sciolta e tutti gli uomini amalgamati nella 32a divisione.

Una significativa presenza tedesca è stata rintracciata all'interno della milizia della CNT-FAI, grazie al lavoro di Dieter Nelles, il quale ha esaminato la biografia di almeno 250 suoi connazionali che a vario titolo operarono con le organizzazioni anarchiche, sia come combattenti che come propagandisti, giornalisti e collaboratori a vario titolo. Sebbene in patria non rappresentasse una realtà politica molto numerosa, l'anarco-sindacalismo tedesco fu comunque molto attivo negli anni dell'esilio. Riuniti nel DAS (Gruppe Deutsche Anarcho-Syndikalisten im Ausland) i libertari tedeschi erano naturalmente attratti dal prestigio del movimento spagnolo e a loro volta agirono da punto di aggregazione per altri anarchici dell'Europa centrale e settentrionale. La prima unità di volontari del DAS fu costituita il 27 agosto 1936 in seno alla *Columna los Aguiluchos* e prese il nome di *Grupo Erich Müsham*. Assieme a loro compagni spagnoli i tedeschi combatterono in Aragona, dove ricevettero il battesimo del fuoco nel cimitero di Huesca ai primi di settembre. Altri anarchici tedeschi sono stati rintracciati in diverse unità della CNT, come i 29 volontari giunti dalla Germania e ricordati nelle sue lettere dal socialdemocratico Otto Albrecht all'interno della colonna *Ascaso*; altri 12 nella *colonna Ortiz* oltre a singole presenze di ufficiali, come nel caso di un battaglione della *colonna Rosal* a Madrid, comandato dal socialdemocratico Carl Oster. Fra l'ottobre e il novembre del 1936 la maggior parte dei volontari stranieri presenti nella milizia della CNT-FAI in Aragona si riunì nel *Grupo Internaciónal* della *Columna Durruti*. Si calcola che circa 150 volontari tedeschi militarono in questa unità, sebbene al fronte non siano stati mai più di un centinaio nello stesso momento. Come accaduto ai volontari italiani, anche i tedeschi si associarono alle milizie confederali senza particolare riguardo all'ideologia di provenienza, sebbene fra gli antifascisti tedeschi fosse molto forte - per ovvi motivi - la rivalità con i marxisti. Sempre sul fronte di Aragona, in seno alla milizia della CNT-FAI, fu costituita prima della fine dell'estate del 1936 anche una batteria di artiglieria internazionale, denominata *Bateria Sacco y Vanzetti*, comandata per un certo periodo dall'anarcosindacalista francese Paul Chacon, col nome di battaglia Maximo Mas.

L'unità era formata da volontari italiani, una decina di tedeschi più altri di diverse nazionalità; come aiutante e consigliere militare operò fino al marzo del 1937 il comunista 'dissidente' Ernst Günther, ex ufficiale dell'esercito tedesco. La batteria faceva parte della *Columna Tierra y Libertad*, considerata una delle unità scelte della CNT-FAI catalana, e fu inviata alla fine di settembre sul fronte di Madrid dove partecipò alla difesa della città, quindi, nell'aprile seguente venne inquadrata nella CLIII brigata, con la quale combatté nuovamente in Aragona, nel settore di Teruel e a Cuenca.

Un'accurata ricostruzione effettuata negli archivi della FAI-CNT indicherebbe che almeno 1.500 volontari internazionali furono presenti nelle unità anarchiche fra il luglio 1936 e l'aprile 1937, cioè fino a quando la milizia dei *Confederales* venne definitivamente inquadrata nell'esercito repubblicano. In quel nuovo contesto spiccano le isolate carriere di comandanti stranieri, come il 'colonnello anarchico' e futuro capo partigiano Emilio Canzi, a capo di una brigata della *26a Division* fino

▲ Francisco Ascaso, Buenaventura Durruti, Gregorio Jover. Tre leader del movimento anarchico spagnolo FAI, CNT. a Parigi nel 1927.

The anarchists Francisco Ascaso, Buenaventura Durruti, Gregorio Jover. Leader of FAI, CNT in Paris in 1927

al giugno del 1937. Da quella data diventa pressoché impossibile determinare la presenza straniera nell'esercito popolare, considerato inoltre che in molti abbandonarono la Spagna sotto la minaccia della repressione scatenata dal governo Negrin dopo i fatti di Barcellona. Questa ondata di cieco e insensato furore repressivo travolse anche uno dei principali fautori della partecipazione internazionale nella guerra civile, l'italiano Camillo Berneri, fucilato a Barcellona il 5 maggio 1937 assieme al suo principale collaboratore Francesco Barbieri. La presenza italiana nella milizia confederale è da considerarsi come una delle più numerose e stimabile a non meno di 500 volontari, seguiti dai francesi, con più di 300 e dai tedeschi con 250. Altri volontari anarchici, entrati in Spagna singolarmente o assieme a gruppi più o meno organizzati, giunsero da Svizzera, Russia, Ucraina, Bielorussia, Argentina, Polonia, Ungheria, Bulgaria, Paesi Scandinavi, Stati Uniti e Gran Bretagna.

UNITÀ INTERNAZIONALI DEL POUM

Andreu Nin, comunista catalano, per alcuni mesi segretario personale di Leone Trotskij, fu il carismatico leader del POUM – *Partido Obrero di Unificación Marxista* – formazione politica alla quale fece riferimento in Spagna la galassia del dissenso comunista nei confronti di Stalin. Sebbene da Città del Messico Trotskij stesso avesse sconfessato l'operato del partito di Nin, molti i volontari stranieri che non aderirono alla politica attendista dei partiti legati a Mosca confluirono nella milizia del POUM, che quindi accolse non solo gli aderenti alla Quarta Internazionale, ma tutto il variegato fronte rivoluzionario dissidente di ispirazione marxista.

Il POUM aveva il suo quartier generale a Lerida, ma successivamente si trasferì a Barcellona, al momento della creazione in quella città del Comitato Centrale delle Milizie Antifasciste, al quale aderì anche la CNT-FAI. Nell'agosto del 1936 la direzione delle milizie del POUM accreditò i primi volontari stranieri che andarono a formare la *Columna Internaciónal Lenin*, che alla metà di settembre comprendeva un totale di quasi 250/300 miliziani di varie nazionalità, riuniti in un 'batallón de choque' guidato da ufficiali tedeschi. Fra questi volontari c'erano i circa 180 combattenti della *Gauche Revolutionnaire Socialiste* francese e dell'ala sinistra del partito operaio del Belgio; meno numeroso, ma comunque ben rappresentato, il *Grupo Italiano* raccoglieva i militanti del *Partito Socialista Massimalista* e dall'ala sinistra bordighiana del partito comunista. La colonna *Lenin* raccoglieva anche alcuni inglesi dell'*Indipendent Labour Party*, fra i quali uno fra i più celebri dei volontari giunti da oltre Manica, lo scrittore George Orwell, che trascorse 18 mesi in Spagna e lasciò testimonianza degli avvenimenti della guerra nel libro *Omaggio alla Catalogna*. La colonna operò assieme alle altre unità del POUM in Aragona, partecipando ai combattimenti nel settore di Huesca, fino all'assalto alle trincee di Carrascal nell'aprile del 1937. A quel tempo la colonna *Lenin* era diventata la 29a divisione dell'Esercito Popolare, comprendente volontari di almeno una dozzina di nazionalità, in prevalenza italiani, tedeschi, britannici e francesi. Secondo le recenti indagini effettuate da Andy Durgan operarono a vario titolo nelle milizie del POUM almeno 700 volontari stranieri, comprese numerose donne. Nella colonna internazionale operò fino all'ottobre

▲ Un gruppo di volontari stranieri della colonna Lenin, appartenente al Partido Obrero de Unificación Marxista, sul fronte di Aragona nell'autunno del 1936 attorno a una mitragliatrice francese Hotchkiss da 7 mm. Al centro della foto il volontario più alto è lo scrittore inglese George Orwell. Secondo recenti indagini almeno 700 stranieri militarono nella milizia del POUM fino al giugno del 1937, cioè fino a quando l'organizzazione politica di ispirazione trozkista non fu messa fuorilegge dal governo Negrin. Dall'analisi di un database raccolto da Andy Durgan – consulente storico del regista Ken Loach per il film Tierra y Libertad – contenente la biografia di 150 volontari stranieri, uomini e donne, appare predominante la componente italiana, seguita dai britannici dell'Indipendent Labour Party e da tedeschi, francesi, belgi e svizzeri in prevalenza; altri volontari provenivano da Algeria, Argentina, Austria, Australia, Brasile, Cecoslovacchia, Cuba, Danimarca, Irlanda, Paesi Bassi, Perù, Portogallo, Polonia, Romania e Stati Uniti. *(archivio dell'autore)*

A French 7 mm. Hotchkiss served by foreign volunteers of the POUM's Lenin column in Aragon, autumn 1936. The tallest one is the English writer George Orwell. According to Andy Durgan (historical consultant for Ken Loach movie 'Tierra y Libertad'), he estimated that at least 700 volunteers joined the trozkist POUM militia up to June 1937 and among them the Italian presence seems to dominate, followed by the British, French, Belgian, German and Swiss. Other volunteers came from Algeria, Argentina, Austria, Australia, Brazil, Czechoslovakia, Cuba, Denmark, Ireland, Netherlands, Peru, Portugal, Poland, Romania and USA.

▶ **Vincenzo Tonelli (1916-2009)** fino a pochi anni fa ultimo dei garibaldini della Guerra Civile Spagnola, ritratto con la nuova uniforme kaki consegnata alle brigate internazionali nella primavera del 1937, composta da giacca corta e dai larghi pantaloni da fermare alle caviglie. Notare le calzature alpargatos, usate spesso dai combattenti di entrambi gli schieramenti per risparmiare gli scarponi sui tormentati terreni iberici. (Con la cortesia aut. dell'Ass. It. Comb. Vol Antifascisti in Spagna)

del 1936, col grado di *Capitano* della sezione motorizzata, la comunista argentina Michèle Feldman, nota anche come Mika, compagna del volontario franco-argentino Hyppolite Etchebéhère, caduto a Sigüenza nell'agosto del 1936. La sezione - descritta nelle memorie dalla stessa Feldman - comprendeva "due autocarri, tre auto da turismo, un centinaio di uomini e una mitragliatrice senza affusto fissata con fierezza su uno dei camion". La Feldman, al pari di altre ragazze fino all'ottobre del 1936, aveva combattuto armi alla mano contro i nazionalisti, guadagnandosi la stima degli altri miliziani e una reputazione di donna dal carattere d'acciaio, tanto che alla morte di Etchebéhère era stata designata a capo dell'unità. Mika guidò il suo reparto sul fronte di Madrid, nel settore di Moncloa, dove il POUM aveva allestito un battaglione, diventando una vera e propria leggenda rivoluzionaria e probabilmente l'unica ragazza straniera a rivestire un ruolo di comando in un reparto di prima linea della milizia popolare. Fra gli stranieri che rivestirono ruoli di comando all'interno della milizia *poumista* il più importante fu il belga Georges Kopp, ingegnere ed ex ufficiale dell'esercito, divenuto comandante di un reggimento della 29a divisione e molto popolare nella milizia per il suo singolare disprezzo del pericolo dimostrato in battaglia. In seguito ai fatti di maggio a Barcellona, su istigazione del PCE e dei servizi segreti sovietici, il POUM fu dichiarato illegale e tutte le sue strutture disciolte con la forza ai primi di giugno del 1937. Da quella data molti degli stranieri della *Lenin* dovettero affrettarsi per mettersi in salvo ed evitare l'incarcerazione o il plotone di esecuzione; solo una minima parte, per lo più quelli di lingua tedesca, fece ingresso nelle Brigate Internazionali.

EPILOGO

La decisione del governo repubblicano del 30 settembre 1936, che trasferiva sotto un comando unificato tutte le formazioni della milizia, provocò molto malumore fra i componenti delle formazioni sorte spontaneamente all'indomani della rivolta. Molti fra i miliziani anarchici e del POUM, apertamente antimilitaristi, sopportavano malvolentieri l'idea di entrare in un esercito e di sottostare agli ordini di ufficiali imposti dall'alto. Altre incomprensioni sorsero quando lo scontro politico all'interno dello schieramento antifascista aumentò d'intensità. In seno alle formazioni dei *Confederales* il dibattito si fece incandescente e coinvolse i leader del movimento, come lo stesso Buenaventura Durruti e il 'Coronel Delegado' Cipriano Miera, favorevoli - a vario titolo - a formare una struttura militare in grado di continuare la lotta e conseguire la vittoria. Del resto, i modesti risultati ottenuti dai miliziani e l'alto tasso di perdite subìto in combattimento imponevano una diversa guida delle operazioni. Da più parti si metteva in evidenza come l'incompetenza e l'irresponsabilità dei comandi avessero provocato autentici disastri, causando la perdita di molte vite umane; oppure, specie sul fronte di Aragona, si criticava la condotta inconcludente delle operazioni che provocava il drammatico affievolirsi dell'entusiasmo dei volontari accorsi alle armi. Nonostante il fronte aragonese si fosse stabilizzato, la milizia era stata incapace non solo di conseguire l'obiettivo che si era preposta, ovvero la riconquista di Saragozza, ma pure centri minori come Teruel e Huesca si trovavano ancora in mano avversaria. Il diverso andamento della guerra sui vari fronti produsse una visione differente su quale esercito costituire. La polemica sulla militarizzazione della milizia fu più accesa nel Levante, mentre sul fronte centrale attorno a Madrid, la durezza degli scontri aveva convinto anche i più refrattari sulla necessità di introdurre i metodi e la disciplina delle truppe regolari: come scrive Michael Alpert nella sua *Historia de l'Ejercito Republicano*, in confronto ai miliziani in Aragona quelli di Madrid apparivano come degli induriti veterani, che accettarono questi cambiamenti con minore isteria. La difesa di Madrid rappresentò la prima vittoria delle forze repubblicane. Dopo questa prova i capi della milizia avevano un quadro della situazione più chiaro e poterono prendere coscienza delle loro capacità militari. Tuttavia anche a Madrid la *Milicia Popular* pagò il successo con la perdita di importanti leader, fra tutti la scomparsa di Buenaventura Durruti fu probabilmente quella destinata a pesare di più nell'equilibrio generale del fronte repubblicano. Anche fra i volontari stranieri si lamentò la perdita di leader importanti, come il commissario politico del battaglione *Thaelmann*, Hans Beimler, caduto nella capitale spagnola alla fine

di dicembre del 1936; un personaggio in grado di mediare fra le diverse tendenze e favorire il dialogo nella colazione antifascista. Il lacerante confronto sulla militarizzazione della milizia ebbe ripercussioni anche fra i volontari stranieri, come quando fra gennaio e marzo del 1937 quasi tutti i francesi e gli italiani presenti nella compagnia internazionale della neo-costituita *26 Division (ex Columna Durruti)*, abbandonarono in segno di protesta la formazione, mentre altri 20 stranieri chiesero di aderire alla Brigate Internazionali. Nell'aprile del 1937 la compagnia internazionale della colonna era ormai composta per due terzi solo da tedeschi e svizzeri. Coloro che decisero – nonostante tutto – di rimanere, chiesero che fosse abolito l'obbligo del saluto militare, la stessa paga per soldati e ufficiali, la libertà di stampa e di discussione e la creazione di nuovi consigli dei soldati. La militarizzazione della milizia continuò a rappresentare un serio problema, tollerato dalla maggioranza in attesa che fossero emanate nuove leggi militari. Si calcola però che almeno un migliaio di miliziani abbiano abbandonato il fronte dell'Aragona prima dell'aprile del 1937, in segno di protesta verso l'orientamento 'possibilista' della CNT. Ad accrescere la repulsione verso l'esercito contribuiva la crescente influenza dei comunisti - aumentata in modo considerevole da quando gli aiuti sovietici erano arrivati in Spagna - e i militanti anarchici, assieme alle altre forze politiche estranee al Comintern, gradivano poco o niente tutto ciò. Come annotava amaramente nella primavera del 1937 il volontario americano Bill Wood della colonna *Durruti*, la CNT sembrava aver perso ogni ascendente sull'esercito popolare. Gli anarchici erano accusati di cieca e brutale violenza anticlericale; di aver anteposto interessi personali e ideologici – ovvero quello di portare avanti la rivoluzione piuttosto che la causa comune della guerra – e di continuare a rifiutare l'inquadramento militare; in definitiva di avvantaggiare il nemico fino all'accusa di intelligenza con esso.

▲ Margarita Nelken Mansberger, intellettuale e rivoluzionaria spagnola. Esponente di spicco del movimento femminista.

Margarita Nelken (1894–1968) was a Spanish feminist and writer. She was a well known intellectual and a central figure in the earliest Spanish women's movement in the 1930s.

---

45 *División Internaciónal* (dicembre 1937)
Comandante: Coronel Jorge Hans (Hans Kahle)
 - Stato Maggiore Divisione:
Trasmissioni - Sussistenza e Logistica – Squadrone Cavalleria – Battaglione Pionieri - Batteria Anticarro – Plotone Corazzati;
Comando Artiglieria Divisionale (Gruppo Skoda *Baller*)

  batteria *Gramsci*   batteria *Liebknecht*   batteria *Thaelmann*

XII Brigada Garibaldi:
 Comandante: Arturo Zanoni
  - Stato Maggiore:
logistica – trasporti – sanità – trasmissioni;
battaglione *Garibaldi*: 3 cp. fucilieri; 1 comp. mitraglieri
battaglione *Figlio*: 4 cp. fucilieri;
II battaglione *Italoespañol*: 4 cp. fucilieri;
III battaglione *Italoespañol*: 4 cp. fucilieri;

XIII Brigada Dabrowski:
 Comandante: Jan Barwinski
  - Stato Maggiore:
rep. esplorante - logistica – trasporti – sanità – trasmissioni;
battaglione *Dabrowski*: 5 cp. fucilieri; 1 cp. mitraglieri
battaglione *Palafox*: 4 cp. fucilieri;
battaglione *Mickiewicz*: 4 cp. fucilieri;
battaglione *Rakosi*: 4 cp. fucilieri;
compagnia mitraglieri;
batteria anticarro *Petko Miletic*.

Fonti: Michel Alpert: *El Ejército Republicano en la Guerra Civil*; Carlos Engel: *Historia de las Brigadas Mixtas del Ejército Popular de la República*; Salas Larrazabal : *Historia del Ejército Popular de la República*.

◄ La volontaria argentina Michèle 'Mika' Feldman (1902-1992), dall'agosto del 1936 a capo di un reparto motorizzato della milizia del POUM, fu una delle tante ragazze che combatterono al pari dei loro compagni nei primi mesi della guerra civile. La Feldman fu con ogni probabilità la sola straniera a rivestire un incarico di comando nella **Milicia Popular,** al quale dovette rinunciare a seguito dell'editto del governo dell'ottobre del 1936, che proibì alle donne di prestare servizio in prima linea. Delle sue esperienze di guerra ha lasciato un ampio resoconto, pubblicato la prima volta in Francia, dove Mika si era stabilita nel dopoguerra lavorando come traduttrice per le Nazioni Unite. (Mika Feldman , seconda da destra, con altri volontari sul fronte di Aragon) *(archivio dell'autore)*

The Argentinean Mika Feldmann (1902-1992) became commander of a motorized unit in the POUM militia. She was possibly the only foreign woman to hold command duty in the Milicia Popular, at least until October 1936, when the Republican government forbade women to have any combat roles. After the war Mika wrote a comprehensive account of her war experience which was published in France, where she lived working for the United Nations as a translator. (Author's archive)

▲ Ernest Hemingway con gli intelletuali Ilya Ehrenburg e Gustav Regler, mentre organizzano il film propaganda The Spanish Earth, 1937. *Ernest Hemingway with Soviet and German intellectuals Ilya Ehrenburg and Gustav Regler, possibly working on the propaganda film The Spanish Earth, 1937. (JFKLibrary, Public Domain)*

La violenza messa in atto da alcuni reparti incontrollabili, aveva senz'altro nuociuto alla CNT-FAI, ma gli orrori della guerra civile e la spietata eliminazione degli avversari non erano certo un'esclusiva degli anarchici, i quali – assieme alle altre forze politiche – avevano combattuto strenuamente fin dal primo momento.

La propaganda dei partiti legati al PCUS alzò il tiro contro le formazioni politiche più radicali, fino a diffondere nello schieramento repubblicano la visione classica dell'estremismo e dell'influenza negativa che questo aveva nell'esercito; in breve gli anarchici, ma più in generale tutti gli antistalinisti, vennero fatti segno di campagne diffamatorie e finirono per diventare dei capri espiatori da eliminare fisicamente. Anche l'iniziativa del Comintern di dar vita alle Brigate Internazionali fu vissuta da anarchici e trozkisti come un ennesimo tentativo per estendere il predominio del partito comunista sull'esercito, poiché - fra gli stranieri che si trovavano in Spagna – furono in diversi ad aderire alle nuove unità, oppure chiesero il permesso di abbandonare la milizia o più semplicemente si dimisero per passare nelle brigate. Del resto era comprensibile che ciò avvenisse, se si considera che i rifornimenti regolari e le armi più moderne arrivavano solo ai reparti organici alla politica di Stalin. Quando poi il governo di Largo-Caballero cadde e si formò il nuovo gabinetto con a capo Juan Negrin, la propaganda di Mosca distrusse la credibilità e la reputazione degli anarchici e degli altri dissidenti alle direttive del Comintern, spinse la polizia politica a usare il pugno di ferro e favorì l'eliminazione dei leader avversari, generando una polemica che – di fatto – non si è ancora placata. I contrasti, esplosi un po' ovunque, deteriorarono irrimediabilmente la coesione politica dello schieramento antifascista.

Alcune avvisaglie sulla difficoltà di coesistenza politica fra i volontari stranieri erano già avvenute nel gennaio del 1937, sebbene si sia trattato di poca cosa rispetto a quanto avvenuto in seguito. Accade che una parte degli italiani presenti nella centuria *Giustizia e Libertà* si separò dalla colonna *Francisco Ascaso* della CNT, a causa dei dissensi sorti per l'elezione di un ufficiale. In effetti il miliziano Ottorino Orlandini, già iscritto al Partito Popolare, era stato proposto come ufficiale della centuria italiana da Carlo Rosselli, ma la sua nomina era stata avversata dagli altri che non gradivano un comandante cattolico, inoltre qualcuno accusò il candidato di Rosselli di essersi compromesso in Italia con i fascisti e si arrivò a dubitare della sua buona fede. Per questo e altri motivi Rosselli si dimise dal comando e circa 50 volontari abbandonarono la colonna italiana per formare un'unità autonoma, che prese il nome di *Centuria Matteotti* e fu assorbita nel contingente internazionale della colonna *Durruti*, per poi passare in seguito in maggioranza nel battaglione *Garibaldi* delle brigate internazionali.

La varietà dell'orientamento ideologico che caratterizzava tutto lo schieramento repubblicano generò problemi a non finire, ma questi ebbero maggiormente peso nelle retrovie e nei vertici dell'esercito, perché al fronte si registrò una coesione e uno spirito di collaborazione ammirevole fra i combattenti, dove l'appartenenza politica – alla fine – finiva per passare in secondo piano rispetto all'impegno contro il comune nemico. Fedeli alle loro convinzioni, molti di coloro che erano giunti in Spagna nei primi giorni della guerra, combatterono più per gli ideali rivoluzionari che in difesa del governo di Madrid, il quale - travolto dalla rivalità politica - li avrebbe accusati di essere nemici del popolo e perseguitati come spie fasciste.

▼Una bella istantanea scattata a Madrid nel luglio del 1936, che mostra la distribuzione dell'equipaggiamento militare alla milizia popolare e fa intuire quanto rapida sia stata la dispersione del materiale rinvenuto negli arsenali tolti ai ribelli. (Archivio dell'autore)

A nice snapshot taken in Madrid in July 1936, showing the variation of equipment found in the army's arsenal, when the government authorized the distribution of weapons to militia. (Author's archive)

2 - LE BRIGATE INTERNAZIONALI

Agli inizi d'autunno del 1936 era frequente incontrare sulle strade di Spagna un buon numero di stranieri. Si trattava in maggioranza di giovani operai, ma anche contadini, studenti e intellettuali, tutti diretti verso la medesima destinazione: Albacete. La maggior parte entrava in territorio spagnolo dai valichi di frontiera lungo i Pirenei, ma altri raggiungevano i porti di Barcellona e di Cartagena dopo essersi imbarcati a Marsiglia. Si trattava dei volontari raccolti attraverso le iniziative dei comitati per il sostegno della causa repubblicana, i cui esponenti avevano denunciato nelle principali città d'Europa l'aggressione delle forze ribelli.

La propaganda interessò per prima la vicina Francia, il Belgio e la Gran Bretagna e si rivolgeva soprattutto alle classi lavoratrici e agli ambienti di sinistra, allo scopo di sensibilizzare le masse in nome dell'internazionalismo militante. Il meccanismo si era messo in moto già alla fine di luglio, quando sia in Francia che in Gran Bretagna si erano svolte manifestazioni a sostegno della repubblica spagnola e sempre più numerosi erano sorti i centri coordinati dal *Comité Internationail de l'Aide au Peuple Espagnol*. Inizialmente i comitati erano patrocinati dal governo spagnolo, attraverso le organizzazioni politiche che sostenevano la repubblica, e si proponevano di ottenere non solo aiuti materiali, ma anche di allargare il consenso dei cittadini dei paesi vicini, affinché spingessero i governi a sostenere lo sforzo militare della repubblica. Ben presto alle conferenze organizzate dagli spagnoli si aggiunsero analoghe iniziative, quasi sempre sotto l'egida dal Comintern, per trovare volontari e formare una milizia internazionale a sostegno del governo legalmente eletto. Per allargare il consenso all'iniziativa, fu dato richiesto a Willy Münzenberg, comunista tedesco espatriato in URSS, di pianificare una campagna di propaganda a favore della Spagna repubblicana, che coinvolgesse il fronte antifascista di tutto il mondo. Facendo leva sul sentimento di comune appartenenza di classe, il lavoro di propaganda dette buoni risultati e i volontari iniziarono ad arrivare da un po' ovunque, a cominciare dalla Francia, dove risiedevano molti espatriati antifascisti italiani e di altri paesi europei, nei quali ai partiti di sinistra non era permessa alcuna attività politica, come ad esempio la Polonia. L'attività dei funzionari diretti da Mosca si svolgeva in modo semi-clandestino, poiché da parte sovietica esisteva la necessità di non esporsi apertamente, considerato che nell'agosto del 1936 l'orientamento prevalente della politica internazionale era quello di mantenersi neutrali e non fornire sostegno a nessuna delle parti in lotta. Solo dopo che fu palese l'invio da parte di Hitler e Mussolini di mezzi e uomini a sostegno dei nazionalisti, le resistenze vennero meno e da Mosca il flusso degli aiuti a sostegno della repubblica aumentò d'intensità, compreso l'invio di armi e l'arrivo dei primi volontari coordinati dal Comintern e dell'analoga organizzazione sindacale del Profintern. La formazione a Madrid di un nuovo governo all'inizio del settembre 1936, presieduto da Largo Caballero e più orientato a sinistra, dette un ulteriore impulso alla macchina propagandistica del *Comité Internationail* che estese la sua attività fino a organizzare raccolte di fondi anche in Canada e negli Stati Uniti.

Il 27 agosto Mosca aveva accreditato il proprio ambasciatore a Madrid, accompagnato da un folto stuolo di agenti del controspionaggio e di consiglieri militari, tra cui i generali Berzin e Goriev. Alla fine di ottobre del 1936 la prima nave sovietica carica di rifornimenti attraccava a Barcellona: una boccata d'ossigeno per la Repubblica. Tutto il materiale spedito da Mosca era pagato dagli spagnoli con l'oro delle riserve dello stato.

Ma dal punto di vista militare erano stati il Messico con la Francia, e non l'Unione Sovietica, a venire per primi in soccorso di Madrid. Vincendo le resistenze del primo ministro francese León Blum, esitante a consentire un intervento diretto del suo paese, alla fine di luglio del 1936 il ministro dell'aviazione, il socialista Pierre Cot, aveva dato disposizioni per inviare aerei e piloti in Spagna, aiutato in questo da esponenti di primo piano della sinistra come lo scrittore André Malraux e il deputato Julien Boussutrot, i quali provvidero a trovare piloti volontari per formare *l'Escadrille d'Espagne*. Il flusso di aiuti dalla Francia si interruppe però molto presto, poiché alla metà di agosto il governo di Parigi aderì all'accordo di non intervento, chiudendo le frontiere e impedendo il transito sul proprio territorio delle armi destinate alla repubblica. Nonostante ciò, attraverso la Francia il governo di Madrid riuscì, pur fra mille difficoltà, a mantenere aperto un canale di aiuti importantissimo.

Dal Messico giunse soprattutto materiale bellico leggero, come le migliaia di fucili *Mexicanski* (i Mosin-Nagants fabbricati negli Stati Uniti dalla Remington per l'esercito zarista e poi venduti al Messico) con i quali il governo repubblicano riuscì ad equipaggiare molti dei suoi soldati. Il paese centro-americano si presentava inoltre come un'utile via di transito per aggirare l'embargo USA, specie per i preziosi pezzi di ricambio dell'armamento pesante e dell'aviazione. Sporadici rifornimenti di armi giunsero alla repubblica, attraverso le vie più tortuose, anche dalla Polonia, dal Paraguay e dall'Estonia.

IL RECLUTAMENTO

Gli armamenti, seppure importantissimi, non erano sufficienti senza un numero adeguato di istruttori e l'appoggio di truppe addestrate, tutte cose che in quelle settimane il governo repubblicano non possedeva. Fatta eccezione per la *Guardia Civil* catalana, una buona metà delle forze armate e di pubblica sicurezza si trovavano sotto il controllo dei ribelli.

Il quadro strategico repubblicano risultava particolarmente critico considerato che quasi nessuno degli ufficiali lealisti - e praticamente nessun soldato - possedeva esperienza di combattimento, mentre gli insorti potevano schierare i veterani del *Tercio* (la legione straniera) con il resto dell'armata d'Africa, reduci dalle campagne in Marocco. A peggiorare il quadro generale contribuiva il fatto che la maggior parte degli armamenti pesanti era in possesso dei ribelli e infine l'aviazione, passata quasi al completo dalla parte dei nazionalisti, veniva controbilanciata solo in parte dalla marina, rimasta in maggioranza fedele alla repubblica. Ancora più decisivo per i nazionalisti fu l'assoluta maggioranza nel loro schieramento dei quadri ufficiali intermedi, che lasciava il campo repubblicano assai più sprovvisto di comandanti di reparto in grado di guidare efficacemente le truppe in battaglia. Verso la fine di settembre i ribelli stavano avanzando rapidamente verso Madrid e secondo l'opinione degli osservatori stranieri, senza un intervento ancor più sostanzioso dall'esterno, la fine della Repubblica era questione di settimane. Da questo quadro degli eventi scaturì l'impulso determinante per la costituzione di unità ad hoc da inviare in Spagna e fra queste le Brigate Internazionali costituirono il contributo più importante, poiché il flusso crescente di volontari, che attraverso mille rivoli si erano recati nella penisola fin dalle prime ore della guerra civile, poteva essere inquadrato in breve tempo in una forza armata bene addestrata e diretta da ufficiali preparati. Per il Comintern e per Mosca la formazione delle brigate rappresentava in fondo la possibilità di combattere autonomamente in Spagna e disporre di un corpo militare che partecipasse alla guerra. Le brigate apparivano a giusto titolo come il simbolo della solidarietà internazionale verso la giusta causa, la dimostrazione che i lavoratori di tutto il mondo erano disposti a morire per fermare l'avanzata del fascismo. In ogni caso il Comintern, secondo le direttive del suo massimo dirigente Georgi Dimitrov, provò a nascondere il più a lungo possibile questo lavoro di reclutamento, affinché le Brigate Internazionali sembrassero il frutto di un movimento spontaneo. In fondo l'afflusso di volontari verso la Spagna continuava a coinvolgere molti comunisti in aperto dissenso con Mosca - specie fra i tedeschi, accorsi in numero crescente in Spagna fin dalle prime fasi della guerra civile - e del resto molti di coloro che erano accorsi a Barcellona dall'estate del 1936 avevano scelto di unirsi alle milizie rivoluzionarie di tendenza anarchica e a quelle di ispirazione trotzkista, tutte accomunate dalla convinzione che il Comintern avesse tradito la rivoluzione e che questa si trovasse ora a portata di mano in Spagna. Adesso, appoggiando il progetto delle Brigate Internazionali, Stalin poteva riconquistare le simpatie dei comunisti di tutto il mondo e recuperare un consenso che sembrava appannato dopo la sua conversione alla politica del Fronte Popolare, ma allo stesso tempo apparire agli occhi dei governi liberali come un interlocutore in grado di impedire un'escalation delle spinte rivoluzionarie. Attraverso le brigate Mosca riuscì effettivamente a estendere la sua influenza sui movimenti di sinistra, specie dove i partiti comunisti ancora non esistevano o erano insignificanti, come negli Stati Uniti.

Nel tentativo di mascherare la vera attività, i centri di reclutamento allestiti dalle organizzazioni antifasciste erano situati in luoghi insospettabili: bar; ristoranti; officine; case private; alberghi, ma in Francia, già nei primi mesi del 1937, esistevano centri di raccolta per i volontari che operavano più o meno alla luce del sole. A Parigi la base principale si trovava nella sede centrale del Partito Comunista Francese, in *Rue de la Favette* 128; altri uffici collegati a questo si trovavano al *Comité de Paris nella Rue Mathurin-Moraeu* e nella sede del sindacato, mentre altri luoghi di reclutamento erano attivi in vari punti della città, come al *Café de Madrid* e al *Café Petit Lyon*. Alla fine di gennaio del 1937 in tutta la Francia si potevano contare cinquanta centri di reclutamento, i più importanti dei quali erano a Perpignan, Tolosa e Marsiglia; fuori dal territorio francese esisteva a Lille un centro di reclutamento nella *Maison des Syndacates* valloni. Se in Francia e in Belgio le autorità chiudevano un occhio, lo stesso non accadeva nei paesi dove gli aiuti al governo spagnolo erano mal tollerati, come in Gran Bretagna e negli Stati Uniti, oppure severamente proibiti, come nell'Europa centrale. Il Comintern fu però in grado di allestire una rete segreta per aiutare i volontari a espatriare clandestinamente. Registi di questa operazione furono il dirigente comunista elvetico Jules Humbert-Droz e l'allora sconosciuto Josip Broz, il futuro maresciallo *Tito*; lo stesso fece in Polonia Leon Chajin, che favorì in vario modo l'afflusso dei suoi connazionali a Parigi via Praga. Sul confine franco-spagnolo il Comintern allestì prima della fine del 1936 un ufficio diretto dall'italiano Giulio Cerreti, per accelerare l'afflusso dei volontari. A Londra era noto a molti che presso l'ufficio del *Communist Party of Great Britain*, situato nella *King's Street*, ci si poteva arruolare per la Spagna; fra l'altro si considerava il transito dall'Inghilterra come molto importante, in quanto per raggiungere la Francia non era necessario il passaporto. In altri luoghi del Regno Unito erano aperti centri di raccolta per gli aiuti materiali e per i volontari. A Liverpool agiva da coordinatore un consigliere comunale del *Labour*, Jack Jones, lui stesso volontario nelle Brigate Internazionali e futuro commissario politico del *Battalion Británico Saklatvala*. Negli Stati Uniti il partito comunista locale indirizzava i suoi volontari a New York, da dove si imbarcavano per la Francia destinazione Marsiglia.

Prima di arrivare in Spagna e essere ritenute idonee, le reclute venivano sottoposte a controlli e interrogatori, tuttavia all'inizio non si fece molto caso all'ortodossia politica dei volontari e d'altronde, nell'ottica del Comintern, le reclute si potevano convertire e disciplinare in un secondo tempo. In genere si cercavano volontari con esperienza militare o comunque in possesso di buoni requisiti fisici; si faceva però attenzione a non reclutare simpatizzanti della Quarta Internazionale di Trotskij, oppure ci si accertava che non avessero legami con le forze di polizia, come veniva richiesto ai volontari canadesi, i quali dovevano dimostrare di non aver militato nella *Mounted Police*. Non sempre le reclute rispondevano alle aspettative e in certi casi giunsero nei centri di raccolta uomini già anziani, oppure dei pregiudicati, o altri ancora afflitti da menomazioni invalidanti. Dovendo necessariamente agire con una certa discrezione, rivestiva una certa importanza il 'passa parola' fra gli iscritti al partito. Per trovare reclute si ricorse anche a metodi non proprio ortodossi, come accadde al volontario statunitense Mosess Fishmann, il quale – respinto perché privo dei requisiti fisici – fu in seguito accettato per aver portato, come richiestogli, altre dieci reclute. Se chi proveniva dai paesi 'liberi' poteva entrare in Spagna con relativa facilità, diversamente i volontari residenti in paesi come l'Italia, la Germania e l'Austria erano costretti a intraprendere rischiosi viaggi dall'esito spesso incerto, come accadde a un gruppo di 'sovversivi' toscani nell'estate del 1936: "Mercoledì scorso, (29 agosto 1936 - NdA) alle ore 15 - scriveva ai primi di settembre *La voce degli Italiani*, il notiziario antifascista stampato a Parigi - una barca a vela entrava nel porto di Macinaggio in Corsica. Essa aveva a bordo cinque italiani, uno di cinquanta anni e gli altri giovanissimi, che dichiararono d'aver fuggito d'Italia". I cinque fuggiaschi erano partiti da Castigliane della Pescaia nella notte fra il 27 e il 28 agosto su un natante acquistato con i soldi di una sottoscrizione fra gli antifascisti del Grossetano: "I cinque italiani – continuava *La Voce* – sono stati arrestati e, la sera stessa del loro arrivo, trasportati a Bastia dalla locale gendarmeria. Dopo un breve interrogatorio essi sono stati rilasciati, ma rimangono a disposizione della polizia, in attesa di istruzioni superiori". Al corrispondente del giornale i cinque fuggiaschi dichiararono di essere antifascisti e "...senza un centesimo in tasca". Respinti gli inviti del capitano della *Gendarmerie* ad arruolarsi nella Legione Straniera, gli aspiranti volontari riuscirono in qualche modo a raggiungere Ajaccio e da lì, grazie a un comunista corso, presero contatti con il *Partito Comunista d'Italia* a Parigi. Uno alla volta si trasferirono sul continente, da dove partirono con destinazione Albacete; soltanto il più anziano, nonostante le reiterate proteste, fu trattenuto in Francia perché cieco da un occhio. Un'altra pericolosa opzione per raggiungere le Brigate Internazionali fu quella scelta dai militari di leva Edmondo Della Vedova e Siro Rosi, inviati in Spagna nel febbraio del 1937 col Corpo Truppe Volontarie, ma disertati nell'aprile successivo per passare alle Brigate Internazionali. Stesso espediente utilizzato da un tedesco della legione Condor, arruolatosi nella compagnia ebraica del battaglione *Palafox*. Si trattava della scelta in assoluto più rischiosa, poiché la diserzione era punita con la pena di morte e inoltre esponeva le famiglie dei fuggitivi alle ritorsioni del regime. Non è possibile stabilire con esattezza quanti fra i disertori del contingente inviato da Mussolini abbiano poi aderito alle Brigate Internazionali, tuttavia il fenomeno non deve essere stato isolato, almeno a giudicare dai rapporti degli informatori della polizia fascista, che in Francia, nel campo profughi delle Brigate Internazionali, identificarono una decina di ex soldati del CTV. I valichi di frontiera francesi continuarono a essere fino all'autunno del 1936 le principali vie di accesso per raggiungere la Spagna e per un certo periodo le guardie di frontiera francesi non ostacolarono il transito dei volontari che, in treno o sulle corriere, si presentavano alla dogana; all'inizio molti volontari raccontarono che gli uomini della *Gendarmerie* rispondevano al saluto con il pugno chiuso, poi – con l'inasprirsi dei controlli alla frontiera – fu necessario avventurarsi a piedi sui sentieri di montagna o aspettare l'imbarco su una nave spagnola che clandestinamente trasportava i volontari da Marsiglia a Barcellona o Cartagena. Ma anche questo percorso si fece rischioso, perché in aperta sfida al blocco navale imposto dai sommergibili di Roma e di Berlino, e culminato con l'affondamento del piroscafo *Barcelona* nel maggio del 1937 e la morte degli oltre 500 volontari che trasportava. La via attraverso i Pirenei partiva da Perpignan, dove ai volontari si offriva come albergo la locale casa del popolo del PCF e l'ex ospedale militare; quindi, riuniti a gruppi di venti alla volta, attendevano i camion o le corriere dirette al posto di frontiera di Figueras, superando la frontiera con la connivenza dei doganieri e della gendarmeria francese. Una volta in territorio spagnolo i volontari venivano ospitati uno o due giorni nei locali della vecchia fortezza di Figueras, prima di partire in treno per Albacete.

Il premio di ingaggio che ogni volontario percepiva una volta arruolato era di 12 *pesetas* al giorno. Fatte le dovute proporzioni con il cambio di allora – 2,22 *lire* del 1936 per 1 *peseta* – la paga non era disprezzabile, tuttavia appariva irrisoria se confrontata con quello che ricevevano per esempio i militari italiani del Corpo Truppe Volontarie. A parte gli ufficiali, che beneficiavano di un'indennità speciale alla partenza e quindi un mensile che aumentava col trascorrere del tempo, un semplice tenente al quarto mese di servizio percepiva 707 *lire* più altre 73 *lire* giornaliere, mentre ogni soldato riceveva 20 *lire* supplementari per ogni giorno di servizio in Spagna; se infine pensiamo che nello stesso periodo un professore di liceo guadagnava in Italia 800 *lire* al mese e una maestra elementare 550 *lire*, il confronto con i compensi di un volontario delle Brigate Internazionali diventa impietoso. Una delle questioni a lungo rimaste sul tappeto fu la durata della ferma, inizialmente stabilita in sei mesi di servizio, escluso il periodo di addestramento, previsto da due a quattro settimane. Tuttavia la guerra si protrasse più a lungo di quanto immaginato dai vertici di Albacete e anche successivamente, quando il 27 settembre 1937 il governo pubblicò il decreto contenente i 20 articoli dello statuto delle Brigate Internazionali, la durata del servizio non fu specificata con chiarezza, limitandosi a indicare – come recitava il punto 20 dello statuto – un generico "hasta el fin de la campaña actual". L'ambiguità dei termini di permanenza sotto le armi rappresentò la causa di molteplici problemi e fonte di continui malumori fra i volontari che desideravano chiudere la loro esperienza in Spagna; come dichiarò un volontario svizzero al suo comandante: "sono venuto a combattere di mia spontanea volontà e allo stesso modo me ne andrò via di qui quando lo riterrò opportuno!".

Col perdurare della guerra divenne sempre più difficile reclutare all'estero nuovi volontari per colmare le perdite sostenute in battaglia, tant'è che dopo il luglio del 1937, ovvero dopo la battaglia di Brunete, le brigate erano composte mediamente fra un terzo e due quinti da reclute spagnole. Dei rinforzi inviati alle brigate ai primi di agosto del 1937, stimati in circa 4.800 uomini, solo un terzo erano stranieri. Secondo un alto ufficiale dell'XI brigata, Ludwig Renn, nell'unità si trovavano reclute spagnole già dal gennaio del 1937; mentre per Giovanni Calandrone a partire dall'aprile del 1937 la batteria *Thaelmann* e i tre battaglioni *Garibaldi*, *Dombrowski* e *Rakosi* erano stati completati con reclute locali, in particolare gli ultimi due, ormai internazionali solo al 50%. Nell'agosto successivo un articolo del New York Times sosteneva che le Brigate Internazionali schieravano 15.308 uomini, di cui 7.171 erano spagnoli. Un anno dopo, in un rapporto redatto da Luigi Longo, si dichiarava che la presenza 'internazionale' all'interno delle brigate ammontasse al 35% degli effettivi. L'afflusso sempre più esiguo di reclute da oltre confine poteva solo correggere, ma non invertire la tendenza alla crescita dell'elemento locale nelle brigate. Fra i motivi di questo calo c'erano senz'altro le notizie poco favorevoli che arrivavano dalla Spagna. Alle sconfitte repubblicane si sommavano le polemiche seguite ai disordini e alla repressione avvenuti a Barcellona e forse i racconti di qualche reduce, ai quali l'esperienza spagnola era apparsa tutt'altro che un'avventura romantica. Anche le difficoltà esistenti per superare il confine franco-spagnolo costituivano in parte un deterrente per chi voleva raggiungere la Spagna, tuttavia fu il fallimento dell'offensiva di Brunete a segnare una linea di demarcazione netta nella vicenda delle brigate internazionali, in quanto dal luglio del 1937 il calo dei volontari si fece sempre più marcato e accompagnato dalla crescita del malcontento, soprattutto fra coloro che pensavano di aver terminato il periodo di ferma e invece erano costretti a rimanere nei ranghi. I dirigenti del Comintern si resero conto che ben difficilmente si sarebbe potuto mantenere l'impegno di far arrivare in Spagna reclute sufficienti per mantenere in vita le brigate, considerato che organizzazioni efficienti come il Partito Comunista d'Italia in esilio inviava al fronte nel febbraio del 1938 appena 34 volontari anziché i 400 al mese che aveva garantito un anno prima. La scarsità di volontari stranieri costrinse lo stato maggiore delle Brigate Internazionali a revocare i congedi e a rastrellare reclute nelle retrovie e negli ospedali, rimandando in prima linea i convalescenti. L'imponente edificio propagandistico messo in piedi in tutto il mondo aveva esaurito la sua spinta: i volontari che facevano ritorno a casa raccontavano dell'inferno dei campi di battaglia e della severa disciplina imposta all'interno dei reparti. Dopo la seconda Guerra Mondiale molti storici occidentali raccolsero queste testimonianze in chiave anti-comunista, ingigantendo alcune delle vicende negative riguardanti i volontari per sfatare il mito delle Brigate Internazionali. Ma se la creazione delle brigate fu dovuta essenzialmente all'iniziativa dei partiti comunisti fedeli al Comintern, questo non vuol dire che i volontari devono essere considerati come i burattini di Mosca. La storiografia di destra ha insistito molto su questa rappresentazione della

▲Insegna appartenuta a un'unità sconosciuta della **Milicia Popular** sul fronte di Malaga. Fondo rosso con iscrizioni in giallo. Non è chiaro se l'allusione al Messico sia in onore di uno dei pochi paesi che dal primo momento aiutò la repubblica, oppure se l'unità fosse composta da volontari del Paese centroamericano. Furono molti i messicani che combatterono come volontari nell'esercito spagnolo; uno dei più noti fu il comandante della LXIX brigata mista sul fronte di Madrid, Eleuterio Ruiz detto **El Meji**. (Cat.della mostra Voluntarios de la Libertad; las Brigadas Internacionales; Asociación de Amigos de las Brigadas Internacionales. Albacete, 1999)

A flag belonging to an unknown unit of the Milicia Popular, Malaga front. Red background with yellow letters and symbol. It is unclear whether the unit's name is a reference to the only country that first helped the Republic, or if it was a real Mexican unit. Several Mexican volunteers fought in the republican army, as the famous Eleuterio Ruiz - El Meji –commander of the 69th brigade on the Madrid front.

realtà, una tendenza che ha toccato il culmine negli anni Novanta. Tuttavia non sarebbe giusto mettere sullo stesso piano le responsabilità di Stalin e i catastrofici errori commessi dal Comintern in Spagna, con l'idealismo e lo slancio eroico di quanti sacrificarono agi, sicurezza e spesso anche la vita per difendere la democrazia. L'eredità più importante lasciata dagli interbrigatisti e dai volontari internazionali è quella di chi, prima di tutti - e al contrario delle cancellerie dei paesi democratici – intuì il pericolo rappresentato dal nazi-fascismo e cercò di opporsi.

ORGANIZZAZIONE, LOGISTICA E ADDESTRAMENTO

La città designata ad accogliere i volontari internazionali era Albacete, un piccolo centro a sud di Madrid, dove alla metà di ottobre si installò il comitato centrale delle Brigate Internazionali, formato dagli italiani Mario Nicoletti – ovvero Giuseppe Di Vittorio – e Luigi Longo, il tedesco Hans Kahle, i francesi Rouquès e Rébière, il polacco Wisniewski e lo jugoslavo Kalmanovic, seguiti qualche settimana dopo dai francesi André Marty e Vital Gayman, designati dapprima come consulenti, ma in seguito furono soprattutto costoro il vero e proprio vertice operativo e militare delle brigate. Una delegazione internazionale venne accreditata presso il governo centrale, dove inizialmente le resistenze del primo ministro Largo-Caballero sembrarono affossare il progetto di Albacete, in quanto l'idea di ospitare una forza militare autonoma e fuori dal controllo dello stato maggiore repubblicano era vista come una plateale ingerenza negli affari interni. I tentativi del governo spagnolo di integrare le brigate internazionali nell'esercito repubblicano fu un duello fra il Comintern e il gabinetto di Largo-Caballero che durò a lungo. Ma gli aiuti che attraverso le Brigate Internazionali potevano arrivare alla Repubblica erano troppo importanti e così, il 22 ottobre la base di Albacete iniziò ufficialmente la sua attività; il governo accettava l'iniziativa internazionale in attesa di regolare la questione nei tempi e nei modi opportuni.

Con i primi 512 volontari arrivati in treno da Alicante il 13 ottobre, seguiti da altri 400 la settimana successiva, fu possibile formare i primi battaglioni. Per tutto il novembre e il dicembre del 1936 il flusso di combattenti si mantenne costante, raggiungendo quasi 800 uomini alla settimana, così che i quartieri assegnati agli interbrigatisti si riempirono in un tempo relativamente breve di centinaia di volontari. Il primo problema affrontato dai dirigenti della base di Albacete fu la preparazione degli uomini e il loro ricovero nei quartieri militari. Per poter ospitare il numero crescente di reclute che affluivano alla base, fu necessario requisire numerosi edifici per trasformarli in tutta fretta in uffici, magazzini, alloggiamenti e aule di istruzione. Il problema degli alloggi fu il più urgente da risolvere, poiché le tre caserme esistenti in città potevano ospitare al massimo 3-400 uomini, mentre in una di queste, sufficiente al massimo per 200 persone, furono stipati fino a novembre 1.500 volontari alla volta. L'emergenza constrinse i vertici di Albacete a chiedere il permesso al governo di decentrare gli uomini anche nei villaggi vicini di Casas Ibáñez, Mahora, Madrigueras, Tarazona de la Mancha, Fuentealbilla, Almansa, Chinchilla, La Roda, Quintanar de la República (oggi del Rey) e Villanueva de la Jara. Un altro grande problema fu il vitto, poiché le cucine esistenti nelle strutture potevano al massimo sfamare un migliaio di uomini, per cui alle reclute si distribuirono in numero crescente dei buoni pasto da utilizzare in città. A complicare le cose sorsero delle contrarietà anche sui differenti gusti alimentari delle tante nazionalità presenti. In seguito nel giugno del 1937, per risolvere questo inconveniente, una circolare informò tutti i volontari stranieri che per far fronte alle diversificate esigenze di vitto, si trattenevano dalla paga 3 *pesetas* al giorno. Nelle prime settimane il servizio logistico funzionò tra mille intoppi e difficoltà, costringendo i dirigenti della base a ricorrere a mille espedienti per far fronte alle continue emergenze. Nei quartieri loro assegnati i volontari erano inquadrati in plotoni, prendevano alloggio e ricevevano l'addestramento, quindi erano avviati alle compagnie e infine ai battaglioni. Spesso il primo ufficiale che incontravano non era il comandante del reparto, ma il commissario politico La visione marcatamente ideologica che il Comintern aveva dell'esercito conferiva alla figura dei commissari politici una grande importanza, ritenendoli un elemento fondamentale dell'organizzazione militare. L'indottrinamento iniziava con gli stessi commissari, sottoposti al commissariato politico del quartier generale delle brigate, diretto per i primi tre anni da Luigi Longo. Ogni reparto aveva il proprio commissario, quindi i commissari politici di compagnia erano subordinati a quelli di battaglione e infine a quelli di brigata. Il compito principale dei commissari consisteva nell'indottrinamento delle truppe, nel mantenimento della disciplina e naturalmente

I BATTAGLIONI INTERNAZIONALI

	N°	data formazione:	battaglione:	nazionalità:	brigata:	scioglimento:
1	41	22 ottobre 1936	Edgar Andrè	germanici, austriaci	XI	23 settembre 1938
2	56	22 ottobre 1936	Commune de Paris	francesi, belgi	XI – XIV	23 settembre 1938
3	45	22 ottobre 1936	Garibaldi	italiani	XI – XII	23 settembre 1938
4	49	22 ottobre 1936	Dabrowski	polacchi, ungheresi, cecoslovacchi	XI – XII - XIII	23 settembre 1938
5	43	22 ottobre 1936	Thaelmann	germanici, belgi, olandesi, scandinavi britannici	XII – XI	23 settembre 1938
6	46	9 novembre 1936	André Marty	francesi e belgi	XII – CL - XIV	23 settembre 1938
7	47	10 novembre 1936	Louise Michel	francesi	XIII	6 gennaio 1937
8	48	1 dicembre 1936	Tchapaief	jugoslavi, polacchi, rumeni, bulgari, ungheresi	XIII	5 agosto 1937
9	-	15 dicembre 1936	Nueve Naciónes	multinazionale	XIV	4 gennaio 1937
10	50	15 dicembre 1936	Henry Vuillemin	francesi	XIII - XIV	27 maggio 1938
12	-	15 dicembre 1936	La Marseillaise, poi Ralph Fox	francesi, britannici	XIV	26 maggio 1938
13	53	19 dicembre 1936	Henry Barbusse	francesi	XIV	23 settembre 1938
28	-	21 dicembre 1936	Vaillant-Couturier	francesi, belgi, germanici	XIV	23 settembre 1938
16	57	22 dicembre 1936	British	britannici	XV	24 settembre 1938
17	58	10 gennaio 1937	Abraham Lincoln	statunitensi e canadesi	XV	24 settembre 1938
18	59	30 gennaio 1937	Dimitrov	multinazionale	XV - CXXIX	16 ottobre 1938
20	-	15 marzo 1937	Veinte	multinazionale	LXXXVI	10 gennaio 1938
24	-	5 aprile 1937	Español	sudamericani	XV	6 maggio 1938
15	55	5 aprile 1937	Six Fevrier	francesi, belgi	XV - XIV	26 maggio 1938
27	-	10 aprile 1937	Djure-Djakovic	jugoslavi	CL - CXXIX	16 ottobre 1938
-	-	1 maggio 1937	Hans Beimler	germanici, olandesi, svizzeri, belgi	XI	10 maggio 1938
-	-	1 maggio 1937	I Italoespañol, oppure Figlio	italiani e spagnoli	XII	23 settembre 1938
-	-	1 maggio 1937	II Italoespañol	italiani e spagnoli	XII	23 settembre 1938
-	-	14 maggio 1937	George Washington	statunitensi	XV	2 luglio 1937
21	51	27 maggio 1937	Rákosi Mátyás	ungheresi	CL - XIII	23 settembre 1938
19	-	18 giugno 1937	Zwölfte Februar	austriaci	XI	23 settembre 1938
23	52	28 giugno 1937	Palafox	polacchi, jugoslavi	XIII	23 settembre 1938
22	-	29 giugno 1937	Mackenzie-Papineau	canadesi	XV	24 settembre 1938
14	54	30 settembre 1937	Pierre Brachet	belgi	XIV	29 maggio 1938
-	-	15 ottobre 1937	III Italoespañol	italiani e spagnoli	XII	6 maggio 1938
25	-	27 ottobre 1937	Mickiewicz	polacchi	XIII	23 settembre 1938
26	-	8 febbraio 1938	Mazarik	cecoslovacchi	CXXIX	16 ottobre 1938

In neretto il numero conferito al battaglione all'interno delle Brigate Internazionali dal comando di Albacete; in *corsivo* quello attribuito in un secondo momento dallo stato maggiore dell'esercito repubblicano.

si dava la massima priorità al corretto orientamento ideologico dei volontari. I commissari dovevano preparare le truppe prima dei combattimenti, spiegare il significato militare, strategico e politico dell'azione da intraprendere, sottolineando i problemi da affrontare e responsabilizzandole in vista del compito loro richiesto. I risultati del lavoro del commissario variavano a seconda della sua capacità e se questi era un uomo coraggioso e intelligente poteva ottenere il rispetto degli uomini e la loro disponibilità ad ascoltarlo e assecondare le sue direttive. Si comprende quindi come la scelta dei commissari politici fosse effettuata con molta oculatezza, vista l'importanza del loro lavoro di preparazione psicologica delle truppe, in grado di renderle un blocco omogeneo e forgiato al combattimento. L'immagine del commissario politico pedante e fanatico non sempre trova riscontro nella storia delle brigate internazionali e furono molti a pagare con la vita quell'incarico. Durante la battaglia di Brunete la XIII brigata perse in combattimento otto commissari su dieci fra morti e feriti; a Fuentes de Ebro il commissario politico del battaglione *Mackenzie-Papineau* fu falciato dalla mitraglia mentre esortava i suoi uomini all'attacco. In certi casi la figura del commissario politico assumeva una rilevanza tale che veniva considerato quasi più importante dei comandanti di reparto. Date queste premesse si intuisce come a volte sorgessero contrasti fra le opinioni dei commissari e quelle degli altri ufficiali, ma d'altra parte si considerava assolutamente necessaria la presenza dei commissari, dato l'ascendente che potevano avere sul morale degli uomini, sulla loro efficienza in combattimento e soprattutto sulla disciplina interna dei reparti, la quale era difficile da imporre a una massa di combattenti che proveniva dalle file del comunismo, del socialismo e in certi casi dai movimenti più radicali. Se l'obbedienza e l'autorità imposte ai soldati erano simboli dell'oppressione del capitalismo, la disciplina interna dei reparti doveva essere presentata in maniera diversa in un esercito proletario. Molti dei volontari, specie i giovani idealisti, erano accorsi in Spagna nella speranza di arruolarsi in un esercito democratico, basato sui concetti di libertà uguaglianza e fraternità, mentre l'intenzione del commissariato politico rischiava di apparire quella di creare un esercito di tipo 'borghese', ma ad Albacete non si nascose mai che l'attuazione di metodi disciplinari, anche molto severi, era una difficoltà che l'esercito repubblicano doveva superare per vincere la guerra. Le divergenze

► Le posizioni tenute dalla XI e XII Brigata Internazionale alla fine dei combattimenti alla periferia di Madrid si estendevano dalla Puerta de Hierro alla Facoltà di Filosofia. La difesa di Madrid fu la prima importante vittoria dell'esercito repubblicano e anche il primo successo delle Brigate Internazionali. (mappa di Joel Bellviure)

The situation on the Madrid front, where the 11th and 12th International Brigade occupied the sector from the Puerta de Hierro to the Philosophy faculty. The defence of Madrid was the first victory for the republic and the first military success for the International Brigade.

▼ Si conoscono molte insegne attribuite alla centuria – e poi **battaglione** - *Thaelmann*; quella raffigurata sulla copertina della pubblicazione dell'unità compare anche in alcune foto e con ogni probabilità era su fondo rosso con scritte in giallo o bianco. La Thaelmann fu una delle prime unità di volontari internazionali costituita da esuli tedeschi e nordeuropei, che prima di essere inquadrata nelle Brigate Internazionali fece parte della milizia del PSUC, assieme alla quale combatté sul fronte di Aragona e successivamente su quello di Madrid. (archivio dell'autore)

Many flags are known to belong to the centuria – and later battalion – Thaelmann. In some pictures there appears a flag similar to that published on the front cover of the unit's magazine and possibly it was red with white or yellow letters. The Thaelmann was one of the first units formed in Spain by German exiles and others volunteers from northern Europe. Before joining the International Brigades, the Thaelmann was part of the PSUC militia in Aragon and later in Madrid. (Author's archive)

di opinione su questo e altri argomenti generarono a volte qualche problema, rendendo difficile la convivenza fra i volontari di diversa provenienza politica. Questo accadde soprattutto nelle brigate dove il pluralismo politico era più diffuso, come nella *Garibaldi* e nella *Thaelmann*. Il repubblicano Randolfo Pacciardi, a capo della XII brigata dal marzo al giugno del 1937, dovette superare molteplici difficoltà nei rapporti con i suoi superiori, specie quando questi ultimi cercarono di insediare come suo vice Ilio Barontini, mentre il comandante aveva optato per Carlo Penchienati. Furono soprattutto gli ufficiali e i commissari poco inclini ad assecondare le imposizioni dall'alto a entrare in rotta di collisione con Albacete. Molte volte

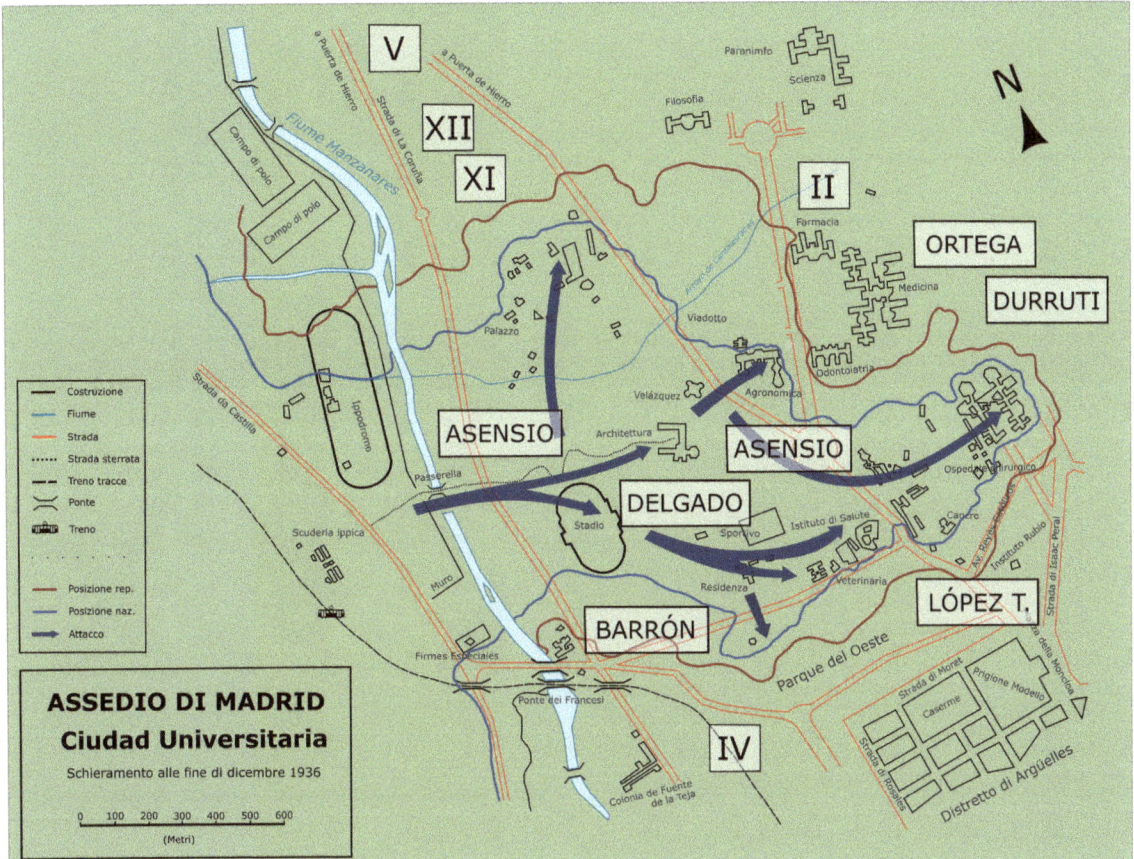

ASSEDIO DI MADRID
Ciudad Universitaria
Schieramento alle fine di dicembre 1936

0   100   200   300   400   500   600
(Metri)

le pressioni erano esercitate per far ottenere avanzamenti di grado a qualche soggetto raccomandato e questo provocava lo scontro con chi invece tendeva a privilegiare il talento piuttosto che la tessera di partito. Altre volte i contrasti fra i comandi, il commissariato politico e gli ufficiali dei reparti combattenti, trascesero fino a provocare episodi assai più gravi, come l'ammutinamento della XIII brigata, ufficiali in testa, i quali nel corso dei sanguinosi scontri a Brunete nel luglio 1937 si rifiutarono di portare i loro reparti di nuovo in prima linea, oppure quando a Belchite, il comandante del battaglione *Lincoln* rischiò il plotone di esecuzione per essersi rifiutato di eseguire un ordine insensato. I contrasti aumentavano inevitabilmente quando nelle posizioni di comando delle unità accedevano uomini privi di introspezione psicologica, proprio come nel caso della XIII brigata, passata alla vigilia di Brunete agli ordini di Vincenzo Bianco, forse uno dei più duri e spietati fra gli ufficiali delle brigate internazionali, che non esitò in alcune circostanze a ricorrere al plotone di esecuzione *pour encourager les autres*. Nel maggio del 1937 era stata costituita anche una compagnia di *pionieri*, in pratica un'unità disciplinare, formata da alcolizzati, codardi, disobbedienti e altri soggetti considerati inaffidabili.

Fra le varie cause che concorrevano a deteriorare i rapporti fra i volontari e i comandi va considerata anche l'approssimazione dell'armamento in dotazione ai reparti. L'abbigliamento e l'equipaggiamento dei combattenti costituì da subito un serio problema per gli uomini di Albacete. Il primo convoglio di materiale arrivò clandestinamente dalla Francia ai primi di ottobre del 1936 e conteneva un assortimento di uniformi e buffetterie di tutti i tipi e fogge. Il risultato fu che i reparti entrarono in attività con un'uniformità a dir poco approssimativa e per molto tempo costrinsero gli uomini ad accorgimenti poco militareschi. Giudicando dalle foto esistenti e dalle testimonianze dei protagonisti, al momento di entrare in azione solo poche unità apparivano vestite ed equipaggiate in modo soddisfacente e fra queste spiccava senz'altro il battaglione tedesco *Thaelmann*, immortalato al suo arrivo a Madrid in una *allure* di teutonico rigore mista a rivoluzionario anticonformismo. All'inizio molti volontari dovettero accontentarsi delle semplici *mono*, le tute da operaio, di diversi colori, comprese quelle blu scure distribuite ai volontari del battaglione *Dabrowski*, da indossare sopra gli abiti civili. Anche in seguito, quando diventarono disponibili gli stessi effetti di vestiario e di equipaggiamento destinati all'*Ejército Popular*, gli inconvenienti non scomparvero del tutto. Secondo quanto dichiarato da un interbrigatista statunitense, ad Albacete si potevano trovare "...i residuati di una dozzina di eserciti stranieri, incluso quello americano, mescolati con capi di provenienza spagnola". A cominciare dal novembre 1936, il fabbisogno di scarpe salì fino a raggiungere le 5.000 paia mensili nella primavera seguente; l'aspro terreno iberico consumava rapidamente anche gli abiti, mettendo a durissima prova il servizio di approvvigionamento delle brigate. Fu solo nella primavera del 1937 che i comandi di Albacete si rivolsero autonomamente a dei fornitori locali per ordinare la fabbricazione di 30.000 uniformi complete colore kaki. A giudicare dalle immagini, tuttavia, tanto le le Brigate Internazionali che tutto l'esercito repubblicano fu afflitto per tutta la durata della guerra dalla carenza di equipaggiamenti che costrinse i combattenti a ricorrere a indumenti civili e ad altre improvvisate soluzioni. Per rifornirsi di armi l'esercito repubblicano fu costretto a ricorrere a tutti i canali di approvvigionamento, compreso il ricorso ai trafficanti internazionali; il risultato fu la formazione di un arsenale a dir poco composito, con evidenti riflessi negativi sui reparti. Solo prendendo in esame l'armamento individuale, nelle brigate internazionali si potevano trovare tanto i fucili giapponesi Arisaka mod. 1907 da 6,5 mm, come i moschetti canadesi Ross 0,303 inch. per arrivare ai più diffusi Mauser mod. 1893 da 7 mm. realizzati su licenza in Spagna e ai Moisin-Nagants mod. 1891 da 7,62 mm. costruiti in USA dalla Remington fra il 1914 e il 1917 per l'esercito russo. Altrettanto varia fu la dotazione di mitragliatrici, con la sovietica Maxim M.10 in maggior numero assieme alla francese Hotchkiss modello 1914.

Un altro problema organizzativo affrontato dal comando di Albacete fu quello dell'inquadramento dei volontari in unità omogenee per nazionalità e per lingua. I contingenti più numerosi, come quelli francese, tedesco e italiano, furono riuniti in battaglioni fin dai primi giorni: con i francesi si potevano aggregare anche i belgi valloni, oppure gli svizzeri francofoni; identici raggruppamenti si potevano fare con austriaci e svizzeri tedeschi nei battaglioni germanici, i cui organici aumentarono anche per effetto dei volontari scandinavi, del Belgio fiammingo, dei Paesi Bassi e perfino della Gran Bretagna. I raggruppamenti proseguivano a livello di compagnia e infine di sezione e tutto ciò determinava un'evidente asimmetria delle unità, che finirono per schierare organici molto diversi fra loro. Dal settembre del 1936 ogni battaglione dell'esercito repubblicano risultava formato da tre compagnie fucilieri più una compagnia di riserva, una compagnia mitraglieri, una sezione mortai con quattro pezzi e una sezione trasmissioni. Ogni compagnia fucilieri schierava 120 uomini ripartiti in tre sezioni di due plotoni, a loro volta divisi in tre squadre; la compagnia mitraglieri si componeva di tre plotoni di 30 uomini ciascuno con quattro mitragliatrici. Minori cambiamenti avvennero nel corso del conflitto, come l'inserimento di un mortaio di piccolo calibro in ogni sezione fucilieri, ma in definitiva ogni battaglione repubblicano a pieno organico avrebbe dovuto schierare 655 uomini compreso lo stato maggiore. La disponibilità di equipaggiamenti e la presenza di volontari di diverse nazionalità condizionarono la struttura delle unità al momento della loro costituzione. Il battaglione *Garibaldi*, pur entrando in azione con

▲ L'arruolamento dei volontari per conto del Comintern raggiunse praticamente ogni angolo del mondo. Nella foto è ritratto Tom Spiller, volontario dalla Nuova Zelanda e sottufficiale nel battaglione britannico della XV Brigata Internazionale. Spiller era arrivato in Spagna in tempo per partecipare alle battaglie dello Jarama e di Brunete, rimanendo poi ferito. Una volta dimesso dall'ospedale, il Comintern inviò Spiller in patria per trovare altri volontari ma, in seguito al ritiro delle brigate internazionali nel settembre del 1938, la sua attività si interruppe. Complessivamente giunsero in Spagna 36 volontari neozelandesi fra combattenti, aviatori e personale sanitario. (Con l'autorizzazione della Alexander Turnbull Library, Wellington, Nuova Zelanda; ref. num. 91-261-40-01)

The Comintern recruitment of volunteers reached every corner of the world. Here is portrayed Tom Spiller, from New Zealand, NCO in the British battalion, 15th International Brigade. Spiller arrived in Spain in time for most of the action, including Brunete, where he was wounded. After hospitalization, he returned as a Comintern agent to New Zealand to find volunteers for Spain, but his activity was interrupted by the withdrawal of international brigades in September 1938. About 36 New Zealanders fought in Spain as soldier, aviator and medical personnel. Library, Wellington, New Zealand; ref. num. 91-261-40-01)

cinque compagnie fucilieri più due gruppi d'assalto - *Arditi del Popolo* e *Il Terribile* - schierò 520 uomini in tutto; il battaglione *Thaelmann*, appartenente alla stessa brigata, si componeva di sole quattro compagnie: I *Compañía Alemana*, II *Compañía Balcanica*, III *Compañía Polaca* e IV *Compañía Inglesa-Rusoblanca*, per complessivi 540 uomini; diversamente il battaglione *Edgar André* allineava alla partenza da Albacete quattro compagnie fucilieri e una di mitraglieri più una sezione di artiglieria pari a 650 uomini. Gli esiti di combattimento e le difficoltà organizzative determinarono in più di un'occasione l'ingresso in battaglia di unità sotto organico, così che nella storia delle brigate internazionali ci furono numerosi altri casi di battaglioni multilinguistici e con organici ad hoc, come accadde nella CXXIX brigata, che a un cero punto comprendeva volontari di quaranta diverse nazionalità; oppure come nella XIV brigata, entrata in azione alla fine del 1936 con quattro battaglioni composti dalle sole tre compagnie mitraglieri franco-belga-britanniche del *Marsellaise* - con 416 uomini - alle tre fucilieri e una mitraglieri - pari a 550 volontari francesi - dello *Henry Barbusse*. La presenza di piccole aliquote nazionali contribuiva a rendere i battaglioni delle vere e proprie Babele linguistiche, ma l'urgenza dei combattimenti non permetteva di guardare troppo per il sottile e così l'inquadramento nei battaglioni finì per seguire criteri a volte stravaganti, come accadde ai volontari arrivati dall'Etiopia, assegnati al battaglione Garibaldi - cioè assieme ai connazionali di coloro che avevano invaso il loro Paese – oppure ai ciprioti, inquadrati nel *Batallón Británico*, solo perché Cipro era un possedimento inglese. Nella primavera del 1937, una volta superata l'emergenza dei primi mesi e potendo contare su un afflusso di volontari che si riteneva ormai consolidato, si cercò di strutturare intere brigate su base nazionale e così l'XI brigata divenne quella essenzialmente tedesca, la XII fu quella a maggioranza italiana, la XIII prevalentemente polacca, la XIV francese, la XV angloamericana e infine la CL slava e ungherese. Ma la presenza di tante nazionalità determinò che all'interno dei battaglioni continuarono a essere presenti gruppi etnici differenti, raggruppati secondo criteri decisamente eccentrici. In perfetta aderenza allo spirito internazionalista gli inquadramenti eterogenei determinarono casi singolari, come accaduto nel battaglione *Garibaldi*, comandato nell'agosto del 1937 dall'albanese Asim Vokshi. La rilevante presenza di volontari ebrei fu all'origine della costituzione dell'unica unità 'religionaria' delle Brigate Internazionali. A parte la presenza di volontari di religione ebraica provenienti dalla Palestina – arrivati in Spagna assieme ai loro compagni musulmani – in tutti i contingenti si contava un gran numero di ebrei, che avevano aderito al fronte antifascista in risposta all'antisemitismo di Hitler e di Mussolini. L'iniziativa originale di creare un'unità ebraica fu di un volontario del partito comunista francese di nome Ariel Weisz, il quale ne parlò a Luigi Longo e ad Andrè Marty nell'ottobre del 1936. Weisz – caduto in combattimento sul fronte di Madrid nel gennaio del 1937 – era arrivato ad Albacete assieme ad altri 14 volontari ebrei francesi e "in modo sincero e appassionato" - secondo le parole di Longo – aveva proposto la creazione di un'unità ebraica come risposta a tutte le insinuazioni che in Germani si dicevano sulla presunta vigliaccheria degli ebrei'. L'idea ebbe inizialmente pochi sostenitori, ma in seguito, nel dicembre del 1937, il comandante del battaglione *Palafox* della XIII brigata, ricevette l'ordine di formare una compagnia ebraica, denominata *Naftali Botwin*, in onore al comunista polacco condannato a morte a Varsavia nel 1925. La compagnia comprendeva ebrei provenienti da Polonia, Germania, Lituania, Ungheria e Palestina e usava lo yiddish come lingua ufficiale. A parte la forte presenza ebraica nei contingenti americano e polacco – stimata a quasi il 30% del totale - si calcola che almeno 200 volontari siano transitati nella compagnia *Botwin* dal dicembre 1937 al settembre 1938; l'ultimo caduto delle brigate internazionali fu proprio un volontario di questa compagnia, Jaskel Honigstein, mortalmente ferito sull'Ebro.

Pur essendo di fatto sotto il controllo strategico di Albacete, una volta entrate in azione le Brigate Internazionali combatterono a fianco delle unità repubblicane e in diverse occasioni presentarono in organico dei battaglioni interamente spagnoli. Pertanto dal punto di vista operativo le brigate si trovarono inserite nella macchina militare repubblicana e soggette a quegli adattamenti e modifiche che la contingenza del momento richiedeva. La necessità di creare unità tattiche più grandi della brigata apparve evidente allo stato maggiore repubblicano già nel 1936. Alla fine di ottobre era stato deciso di trasformare le unità della milizia in battaglioni regolari, formati da quattro compagnie fucilieri e una di mitraglieri, da riunire in formazioni dette *Brigadas Mixtas*, comprendenti unità esploranti, trasmissioni, artiglieria, sanità, genio e logistica, per un totale di 3.876 uomini. L'organico risultava composto da uno stato maggiore con 13 fra ufficiali e addetti; quattro battaglioni, ciascuno di 633 uomini divisi in cinque compagnie, più un plotone mortai; uno squadrone di cavalleria di 141 uomini; un gruppo di artiglieria su quattro batterie per complessivi 519 uomini; un'unità di sussistenza di 42 uomini; un servizio sanitario con 145 addetti; una compagnia rinforzata di genieri di 345 uomini e una compagnia trasporti e logistica di 138 uomini. Ma le impellenti necessità della guerra obbligarono lo stato maggiore repubblicano a ridisegnare nel giugno 1937 la struttura delle brigate miste, ridotte a soli quattro battaglione di fanteria, una compagnia fanti di riserva, un plotone di cavalleria, una batteria d'artiglieria su tre pezzi, più il personale dei servizi e la logistica, pari a un organico complessivo di 4.197 uomini, dei quali 134 ufficiali e 34 commissari politici; oltre questi era previsto un plotone di autoblindo per la terza brigata di ogni raggruppamento. Ben di rado, però, tanto le brigate internazionali che

▾Volontari della XII Brigata Internazionale, fotografati alla fine di ottobre del 1936, probabilmente del battaglione **Andrè Marty**. La giacca di pelle senza maniche è simile a quella da trincea dell'esercito britannico mod. 1916 e fu distribuita in grandi quantità ai primi reparti;sotto la giacca la caratteristica mono di cotone pesante, in questo caso di colore kaki o blu scuro. I volontari portano giberne e portamunizioni in pelle naturale di fabbricazione locale, con buffetterie in cuoio e tela, e sono armati con Mauser spagnoli mod. 1893 senza baionetta.

Volunteers of 12th International Brigade, late October 1936, possibly the Andrè Marty battalion. The BritishM1916 trench jerkin leather coat without sleeves, was largely distributed to the first international battalions and underneath this jacket they wore heavy cotton mono in dark blue or kaki. The volunteers had leather ammunition pouches made from local fabrics in light colour, bandoliers and Spanish Mauser M1893 without bayonet completed the equipment.(From the Spanish magazine Croniqua 1939)

◄ Verso e recto di una bandiera appartenuta al battaglione Commune de Paris nel gennaio del 1937, inquadrato nella XI brigata internazionale sul fronte di Madrid. La bandiera era un dono dei comunisti di Epinardo ai volontari del battaglione, che il mese precedente avevano trascorso un periodo di riposo nella località alle porte di Madrid. Dimensioni cm.125x90; fondo di seta rossa con iscrizioni in bianco e frangia in giallo oro; sul recto si trova una variante alla francese del tricolore repubblicano, mentre sull'altro lato compare il tricolore blu-bianco-rosso. *(Madrid, Museo del Ejército)*

A flag belonging to the Commune de Paris battalion, 11th International Brigade, Madrid front, January 1937. The flag was a present from the communists of Epinardo, where the battalion spent a period of rest. Dimension cm. 125x90. The flag had a red silk background with white letters and gold-yellow fringes. The obverse is a variant of the republican flag in French style, while on the verse the tricolour is azure-white-red. (Madrid, Museo del Ejército)

► **Luigi Longo**, futuro segretario del PCI nel dopoguerra, rivestì l'incarico di capo del commissariato politico delle Brigate Internazionali e fu uno dei principali organizzatori della base di Albacete, dove venne messa a punto la complessa rete organizzativa delle brigate. (Archivio dell'autore)

Luigi Longo, later Italian Communist Party secretary post war, was chief of the Political Commissar and leading organizer at Albacete, International Brigades headquarters since October 1936.

quelle spagnole furono in grado di schierare l'organico completo: al momento di entrare in linea nel dicembre del 1936 la XIV brigata disponeva di 2.300 uomini in tutto, ovvero solo il 55% del totale previsto. La ristrutturazione delle brigate andò di pari passo con la riorganizzazione dell'esercito repubblicano e alla creazione di divisioni permanenti, create per sostituire i raggruppamenti temporanei di brigate miste dei primi mesi di guerra. Le divisioni erano una risposta dello stato maggiore repubblicano all'esigenza di disporre di unità *ad hoc* in grado di operare efficacemente sui diversi settori del fronte. Dal punto di vista amministrativo le divisioni comprendenti unità internazionali – e pertanto dipendenti dalla base di Albacete – furono quattro: la 15a; la 17a; la 35a; la 45a. Nella realtà la 17a divisione era però a tutti gli effetti spagnola e solo perché nel suo stato maggiore erano presenti ufficiali stranieri continuò a essere considerata internazionale; di contro la 63a divisione – spagnola, ma comprendente la LXXXVI Brigata Internazionale - non fu fra quelle dipendenti da Albacete.

La vittoria dei repubblicani a Madrid aveva permesso l'organizzazione in pianta stabile della base degli Internazionali, con tutto l'apparato logistico e amministrativo. Si allestirono anche due battaglioni reclute, per formare un deposito di volontari da inviare come rimpiazzi alle unità al fronte. Ogni nazionalità aveva poi a disposizione una redazione, dove si pubblicava un notiziario nelle lingue parlate nelle brigate e dove si trattavano i temi della politica e della guerra in corso. Si potenziarono anche i centri di addestramento, dove si insegnava l'uso delle armi, le tattiche di combattimento e si fornivano agli ufficiali gli strumenti teorici per guidare le unità. Dal dicembre del 1936 l'insegnamento delle materie militari divenne più sistematico con la formazione di una vera e propria scuola ufficiali, diretta dal generale Emilio Kléber. A tutti coloro che avrebbero rivestito ruoli di comando si impartirono lezioni di stato maggiore, cartografia e commissariato politico. Ma l'urgenza determinata dalla guerra non permise di approfondire gli argomenti e così la formazione di comandanti sufficientemente preparati languì per molto tempo. In effetti la carenza di preparazione a livello di comando fu una costante nell'attività delle brigate e ciò provocò non pochi problemi e incomprensioni fra i volontari. Anche la politica contribuì a rendere poco omogeneo il corpo ufficiali, considerato che più spesso si privilegiava la fedeltà al partito invece dei meriti oggettivi degli individui selezionati, col risultato di creare malumore e risentimento all'interno degli stati maggiori. Dovendo giudicare quanto fosse considerata preparata e affidabile la classe ufficiali delle Brigate Internazionali, specialmente quella di grado superiore, da quanto accaduto durante le campagne, emerge un quadro con poche luci e molte ombre. Gli stati maggiori erano nelle mani di capi partigiani e non di comandanti in grado di dirigere grandi unità: Klebér, Walter, Lukacs erano soprattutto degli abili guerriglieri, più adatti alle steppe russe che alla realtà spagnola; altri, come Gal, si rivelarono eccellenti subalterni, dimostrando di possedere qualità all'altezza dei compiti richiesti, ma nei momenti cruciali si rivelarono incapaci di decidere autonomamente; altri ancora, come Gomez, seppure giovani e intelligenti difettavano di esperienza, oppure, come Čopic, dimostrarono in più di un'occasione di essere ufficiali poco preparati. Di tutti i comandanti delle brigate solo Hans Kahle, già ufficiale nell'esercito tedesco, e Aldo Morandi, per un'innata abilità e per l'ascendente che esercitava sui suoi uomini, dimostrarono di possedere l'intelligenza e l'attitudine per dirigere grandi unità e gestire situazioni complesse. Questo non vuol dire che i comandanti fossero in maggioranza inadeguati o poco abili, vi furono anzi molteplici testimonianze di valore e di coraggio individuale, piuttosto si verificò spesso la necessità di ripianare le perdite promuovendo frettolosamente comandanti di compagnia a capo dei battaglioni e via di seguito, benché nella maggioranza dei casi il comando di unità anche più piccole fosse al di sopra delle loro possibilità. A parte Kleber, Gomez, Gal e i già citati Kahle e Morandi, nessun altro fra i capi militari usciti dalla base di Albacete rivestì incarichi superiori a quello di comandante di brigata.

Anche i rapporti di collaborazione fra comandanti internazionali e spagnoli furono condizionati da una evidente diffidenza di fondo e l'atteggiamento dei vertici delle brigate internazionali, nonché quello dei consulenti sovietici, contribuiva a inasprire gli animi. Per tutta la guerra il Comintern si fece promotore dell'idea del comando unico strategico, ma allo stesso tempo non gradì mai nessuna interferenza del governo nella gestione degli affari interni delle Brigate Internazionali e non ebbe mai nessun interesse ad assimilarle alle altre unità dell'esercito repubblicano, perché ciò avrebbe significato la scomparsa dell'autonomia politica e militare di cui

godeva l'Internazionale Comunista in Spagna. Le Brigate Internazionali presentarono pertanto una doppia faccia: da una parte apparivano come un organismo del Comintern e quindi asservite agli obiettivi di Mosca; dall'altra rappresentavano l'espressione di un largo fronte popolare, attorno al quale organizzare la resistenza. Questa posizione contraddittoria si riassume nell'atteggiamento che i capi di Albacete tennero nei confronti del decreto del ministro della difesa Indalecio Prieto del 27 settembre 1937, che integrava le brigate nell'*Ejercito Popular*, in sostituzione del *Tercio* (la legione straniera spagnola) che si era ribellato. Il decreto era di fatto una mossa del ministro per togliere l'autonomia al comando di Albacete e in effetti ciò era un "pugno in un occhio"- come lo definì qualcuno - ma nella pratica si cercò di smussare i contrasti e agire attraverso la 'politica dei corridoi'. La riforma ebbe scarsissime applicazioni e rimase lettera morta, non potendo scalfire in nessun modo il sistema di relazioni e di potere che faceva capo al partito comunista spagnolo, attraverso il flusso di aiuti dall'URSS. Lo Stato Maggiore dell'esercito repubblicano assumeva il controllo teorico delle Brigate Internazionali, lasciando di fatto immutata la situazione e con ciò l'attività della base di Albacete proseguì indisturbata.

A parte il ruolo politico ambiguo esercitato dalle Brigate Internazionali, resta comunque innegabile l'enorme significato che lo loro presenza esercitò in termini di sostegno morale per la causa repubblicana. Sebbene in prima linea il numero complessivo degli interbrigatisti non abbia mai superato le 18.000 unità della primavera del 1937 - e quindi in termini numerici il loro contributo sia stato relativo - la presenza dei volontari stranieri fu costantemente sottolineata nei bollettini di guerra ed essi risposero sempre con innegabile spirito di sacrificio, entrando più di una volta per primi nel vivo del combattimento. Fin dall'arrivo delle prime unità internazionali a Madrid, i volontari furono salutati con grande calore e commozione dalla popolazione della capitale assediata; l'attesa degli aiuti stranieri era talmente forte che i madrileni li salutarono al grido "Viva Rusia!" anche se si trattava dei tedeschi del battaglione *Edgar André*. Sessanta anni dopo, in una intervista alla televisione spagnola, un volontario tedesco ricordava l'imbarazzo provato nel vedere le macerie provocate dai bombardamenti dei suoi connazionali della Legione Condor e la popolazione che lo acclamava, pensando che fosse un soldato sovietico. Certamente i volontari stranieri non furono tutti del cavalieri senza macchia e senza paura – la loro è una storia di uomini – e assieme agli atti di valore non mancarono gli episodi negativi, tuttavia la loro vicenda rimarrà a lungo nell'epica del Novecento e questo spiega perché a distanza di tanti anni i reduci spagnoli dell'esercito repubblicano continuavano a considerarli 'los mejores hombres al mundo'.

LE BRIGATE INTERNAZIONALI IN AZIONE

Il limitato bagaglio tecnico-militare in possesso dei volontari costituì nei primi mesi un problema di non poco conto. Come forse a qualcuno era stato preannunciato, quella in Spagna era una 'brutta guerra', combattuta senza quartiere e con le asprezze tipiche dei conflitti civili. In più per molti dei volontari esisteva la certezza che, anche in caso di vittoria, difficilmente avrebbero rivisto il proprio paese e questo riguardava migliaia di tedeschi, polacchi, italiani, ungheresi e rumeni, ai quali si sarebbero presto aggiunti gli austriaci e i cecoslovacchi. Fra i tedeschi c'era chi possedeva esperienze di combattimento anche molto cruente, specie quelli che avevano affrontato i Frei-Korps; alcuni degli italiani avevano militato nelle formazioni degli *Arditi del Popolo* e conoscevano le tattiche difensive e l'uso degli esplosivi; probabilmente la loro preparazione era inferiore a quella degli ungheresi che nel '19 avevano combattuto durante la breve esperienza 'sovietica' sotto Bela Kun. A parte queste minoranze, la maggioranza dei volontari era in possesso di conoscenze di tattica apprese negli scontri di piazza, condotti a mani nude o al massimo con pietre e bastoni e in ogni caso la quasi totalità dei volontari, compresi i reduci dalla Germania o quelli dall'Ungheria, erano impreparati ad affrontare in campo aperto una forza combattente professionista guidata da ufficiali esperti e rifornita di armamenti moderni. C'era poi da fare i conti con la resistenza culturale di molte reclute che essendo convinti antimilitaristi, mostravano poco entusiasmo ad apprendere la disciplina dell'esercito.

Ma ad onta della loro impreparazione, i volontari internazionali costituivano un materiale umano di prim'ordine con i quali fu possibile ottenere buoni risultati quando diretti da ufficiali preparati.

▲ Fronte aragonese. Attacco di miliziani repubblicani, di cui molti anarchisti verso Bujaraloz, dove Durruti aveva posto il suo quarier generale il 26 luglio del 1936
Aragonese front - A wave of Republican militia, most likely Anarchists, advances in Bujaraloz, were Durruti had established his headquarters the 26th July 1936, September 1936.

L'esito favorevole della battaglia di Madrid ha spinto molti autori a ritenere che le Brigate Internazionali abbiano dimostrato eccellenti qualità esclusivamente negli scontri urbani e che viceversa in campo aperto subirono tremende sconfitte, dimenticandosi di dire come in certe occasioni fossero state tragicamente coadiuvate dai comandi dell'esercito repubblicano. Senza dubbio i combattimenti nella capitale misero in luce la tenacia e l'ostinazione degli interbrigatisti, ma del resto i combattimenti nei centri urbani avvantaggiano sempre i difensori. Nel corso dell'attacco dei nazionalisti su Madrid, il settore della *Ciudad Universitaria* fu affidato dal novembre 1936 alle brigate XI e XII. Presto la battaglia si trasformò in una lotta senza quartiere, mentre i combattenti di entrambe le parti trasformarono gli edifici in altrettante fortezze, barricando porte e finestre con tutto ciò che rimediavano - inclusi i libri delle biblioteche - piazzando le mitragliatrici in modo da battere le vie di accesso, scavando trincee e gallerie di collegamento. In certi casi i contendenti si trovarono a lottare stanza per stanza a distanza di pochi metri, come confermato a sessanta anni da quei fatti dall'interbrigatista italiano Vincenzo Tonelli in un'intervista a un periodico francese, il quale riferì di aver udito più di una volta le voci dei soldati mercenari marocchini asserragliati nello stesso edificio. A Madrid l'offensiva nazionalista si infranse contro la tenace resistenza dei difensori, trasformandosi in una spaventosa battaglia che verso la fine di novembre divorò senza tregua e con una ferocia inaudita intere compagnie. Il miglior equipaggiamento e la preparazione dei nazionalisti furono compensato dalla superiorità numerica dei repubblicani e dal fatto che questi ultimi godevano del vantaggio della difesa. Inoltre l'errore dei capi nazionalisti nell'insistere con le tattiche dello scontro frontale avvantaggiò ulteriormente i difensori. Anni dopo Robert Colodny, che non aveva preso parte alla difesa di Madrid, annotava in chiave epica: "all'astuzia dei veterani d'Africa si contrappose l'abilità di coloro che avevano appreso le tattiche della guerriglia urbana durante gli scontri di piazza nella *Place de l'Etoile* a Clichy, o come i tedeschi dei battaglioni *Edgar Andrè* e *Thaelmann*, che avevano combattuto Noske e Hitler ad Amburgo e Berlino, i quali tesero imboscate mortali ai moros dell'esercito nazionalista sotto i busti di Aristotele e Spinoza nella città universitaria". Molta della letteratura ostile alle brigate internazionali tende a evidenziare i successi nei combattimenti urbani di Madrid, per sfatare alcuni miti e sostenere la tesi dell'insufficiente addestramento, il quale, al di fuori dei ruoli difensivi, avrebbe consentito principalmente l'impiego dei volontari in rovinosi assalti frontali. Certamente le due brigate inviate a Madrid si trovavano a corto di addestramento e allo stesso modo il frettoloso allestimento di altre unità provocò seri problemi, ma in seguito - una volta diminuita l'emergenza - i

1

2

3

4

TAVOLA A

3

2

1

1b

TAVOLA B

1

2

3

TAVOLA C

2

3

4

1

5

TAVOLA D

TAVOLA E

2

3

4

1

5

TAVOLA F

3

1

2

TAVOLA G

1. GASTONE SOZZI COLUMNA LIBERTAD · RICORDO DELLE LOTTE SOSTENUTE E DEL SANGUE VERSATO INSIEME · OTTOBRE 1936

2. CARLOS MARX · Batallón 19 de JULIO · CENTURIA THAELMANN · N° 31

3. VOLUNTARIOS INTERNACIONALES

4. Battaglione Giustizia e Libertà

5. BATALLÓN DE LA MUERTE

6. BATALLÓN GARIBALDI 12ª BRIGADA INTERNACIONAL

7. POR VUESTRA LIBERTAD Y LA NUESTRA · BATALLÓN MICKIEWICZ · XIII BRIGADA DOMBROWSKI

7b

8. B. INTERNACIÓNAL · PALAFOX · EL FRENTE POPULAR DE MADRID AL FRENTE POPULAR DEL MUNDO

TAVOLA H

battaglioni internazionali ricevettero tutt'altro che poche cure dai comandi. Verso la metà del 1937 le Brigate Internazionali avevano raggiunto la massima espansione e il livello di efficienza più alto; sempre più frequentemente venivano impiegate come reparti di elite e tali venivano considerati anche dai loro avversari. Successivamente, a seguito dell'alto tasso di perdite subite, specie nella battaglia di Brunete, e con l'acuirsi della disparità di armamenti fra i contendenti, iniziò il declino delle brigate. Le operazioni in Aragona del 1937-38, specialmente la conquista di Belchite e di Quinto, hanno spinto alcuni storici di parte a insistere sull'abilità degli interbrigatisti nei combattimenti urbani, minimizzando altri importanti successi ottenuti in campo aperto. La vittoria di Guadalajara fu certamente il successo campale più noto dalle Brigate Internazionali, ma altrettanto prestigiose dovrebbero essere considerate altre azioni, come la conquista di Arges nel maggio del 1937 ad opera del battaglione Dimitrov, oppure le vittorie ottenute a Teruel nella prima parte della campagna. Nonostante le proibitive condizioni atmosferiche nella quale fu combattuta l'offensiva su Teruel, i battaglioni dell'XI e della XV brigata respinsero il 7 gennaio 1938 la controffensiva avversaria fra la Muela e Cancud, resistendo sotto un intenso fuoco di artiglieria e infliggendo spaventose perdite agli attaccanti, finiti sotto il fuoco incrociato delle mitragliatrici dei battaglioni *Británico e Mac-Pap*. Il 19 gennaio i nazionalisti provarono nuovamente a sfondare in quel settore, ma vennero ugualmente respinti con gravi perdite. L'insistenza di certe fonti circa la scarsa attitudine delle formazioni internazionali alle tattiche di guerra più aggiornate, deriva anche da alcune osservazioni sulla preparazione dei quadri di comando. Molti di coloro che avevano militato nelle formazioni bolsceviche, durante la rivoluzione russa, provenivano da esperienze molto diverse rispetto a coloro che si erano trovati a combattere sul fronte occidentale nella guerra del 1914-18. I primi non possedevano conoscenza alcuna sulle tattiche di combattimento introdotte sul fronte occidentale a partire dal 1916 per superare l'empasse della guerra di trincea e basate sulla potenza di fuoco, lo sfondamento delle linee nemiche nei punti più deboli o in settori ristretti, l'aggiramento degli obiettivi e la coordinazione degli attacchi da terra e dal cielo. Certamente gli ufficiali tedeschi della XI brigata, come Hans Kahle e Ludwig Renn, le avevano sperimentate in prima persona nel 1918 e conoscevano i manuali di tattica pubblicati dallo stato maggiore germanico. Per la mentalità dominante, però, l'esercito tedesco aveva perso la guerra e quindi si privilegiavano le teorie francesi e britanniche, le quali tendevano a escludere l'infiltrazione a vantaggio della pressione continua sulla linea del fronte. Questa impostazione, del resto, non era molto diversa da quella adottata nel campo avversario, il quale a Madrid lanciò inutilmente all'assalto delle linee repubblicane ondate su ondate di fanteria. Nonostante l'addestramento dell'esercito britannico fosse orientato già dagli anni '20 a privilegiare la combinazione tattica fuoco-movimento da parte di piccole e agili unità, in pratica l'insegnamento impartito agli ufficiali era ancora quello ricevuto al tempo del primo conflitto mondiale e, inoltre, erano molto pochi i volontari britannici che avevano rivestito i gradi di ufficiale per poter influire sull'orientamento dei comandi. La forte presenza francese fra gli internazionali non apportò significative variazioni a questa impostazione, nonostante fra le fila dei volontari arrivati da oltre i Pirenei vi fossero alcuni ex militari di lungo corso. L'esercito della Terza Repubblica era rimasto condizionato dalla guerra di posizione e ossessionato dalle linee fortificate; tutto ciò si traduceva nella scarsa importanza conferita al combattimento manovrato e alla flessibilità delle formazioni tattiche. Anche la presenza dei consiglieri militari sovietici non modificò queste convinzioni. L'impostazione introdotta da questi ultimi si basava sull'attacco in massa e sull'impiego della moderna arma corazzata esclusivamente come appoggio alla fanteria. Questa dottrina, che avrebbe portato la stessa Armata Rossa alle brucianti sconfitte in Finlandia, fu applicata quasi senza eccezioni in tutto l'esercito repubblicano, Brigate Internazionali comprese. Questa convinzione, però, non era esclusiva dei consiglieri militari sovietici. Analizzando i problemi tattici emersi nel primo anno della guerra civile, l'attaché francese allo stato maggiore di Albacete, l'ex generale dell'*Armée* Vital Gayman, sosteneva che l'arma controcarro era quella risolutiva e che le unità motorizzate erano sostanzialmente inutili, come dimostrato dalla sconfitta italiana a Guadalajara. Gayman era convinto che a causa della difficoltà nel coordinare le varie specialità a un livello superiore a quello di battaglione, bisognava puntare sull'iniziativa dei reparti per concludere positivamente un'azione. Si doveva quindi potenziare l'armamento della fanteria e utilizzare le unità delle brigate seguendo la logica degli scaglioni, impiegati in successione per mantenere una pressione continua sul nemico, sia nell'offensiva che nella difesa. Si trattava però di concetti che dopo pochi anni, nella seconda guerra mondiale, si sarebbero rivelati completamente sbagliati. Durante la battaglia di Belchite, la XV Brigata - anche se sotto organico - riuscì a conseguire importanti risultati con la conquista di obiettivi ben difesi, grazie all'uso simultaneo di piccole squadre di assaltatori con l'appoggio ben diretto delle sezioni di mitragliatrici, delle armi anticarro e di un plotone di mezzi corazzati. Invece a Fuentes de Ebro, nel settembre 1937, il ben addestrato battaglione *Mackenzie-Papineau* subì la perdita di 260 uomini fra morti e feriti a causa di un attacco condotto attraverso una spianata aperta, vasta oltre un chilometro e mezzo. Gli assaltatori mossero all'assalto come si trovassero a un'esercitazione, rimasero privi dell'appoggio dei carri armati e infine furono arrestati da un micidiale fuoco nemico. Molti degli insuccessi repubblicani avvennero anche per lo scarso coordinamento delle unità da parte dei comandi e per l'inesperienza degli stessi, che spesso ordinarono assalti senza speranza con gli inconvenienti che ne derivavano. La prima importante operazione offensiva che coinvolse le Brigate Internazionali fu la battaglia de La Granja del maggio-giugno 1937, avvenuta a seguito dell'attacco su Segovia e culminata nei combattimenti della Cabeza Grande, una cima alta 1.428 metri, che costarono oltre 1.500 morti da parte repubblicana e 1.100 da quella nazionalista. Gli internazionali erano rappresentati dalla XIV brigata agli ordini del tenente colonnello Jules Dumont. Nonostante alla fine di maggio apparisse evidente che l'offensiva era fallita, fu deciso un ultimo e inutile assalto alla Cabeza Grande. Gli uomini di Dumont si lanciarono all'assalto con grande energia, ma il ripido pendio della montagna, l'artiglieria e l'aviazione nemiche vanificarono ogni sforzo; dopo il fallimento dell'ultimo assalto la brigata aveva perso oltre un quarto della sua forza. In altre occasioni i battaglioni non furono in grado di svolgere efficacemente il loro compito, perché armati in modo sommario o con organici ridotti, mentre i comandanti nelle retrovie pretendevano l'impossibile, non rendendosi conto di ciò che stava accadendo in prima linea. L'annientamento del battaglione *Lincoln* al Jarama il 27 febbraio 1937 fu causato soprattutto dalla mancanza di informazioni su quanto stava avvenendo e infatti il comando della XV Brigata era totalmente all'oscuro di ciò che accadeva al fronte, pur insistendo che il battaglione attaccasse a tutti i costi. Dopo il disastroso esito dell'attacco gli americani chiesero la revoca di Čopic dal comando della XV brigata, ritenendolo il principale responsabile dell'insuccesso. Messo alle strette il comandante croato scaricò la colpa su uno degli ufficiali da lui inviati in prima linea, che avrebbe equivocato gli ordini ricevuti e mandato all'assalto i battaglioni per errore.

A rendere difficile il coordinamento in azione delle truppe concorrevano anche la diversa provenienza degli ufficiali, unita alla variegata esperienza dei combattenti. Un volontario canadese del battaglione *Mackenzie-Papineu* riferiva che nelle Brigate Internazionali e in tutto l'esercito spagnolo non esisteva un unico manuale di addestramento e ogni comandante seguiva in pratica le proprie abitudini. Il battaglione *Mac-Pap* raccoglieva volontari dagli USA e dal Canada, ma mentre i primi usavano comandi e ordini di un certo tipo, i canadesi ne usavano altri. Per tutta la guerra non vi fu un metodo di direzione uniforme e dopo qualche tempo, specie quando i battaglioni si trovarono in prima linea, gli ufficiali furono costretti a dare istruzioni utilizzando più lingue, così che tutti potessero capire gli ordini. Se consideriamo che nel corso della guerra civile fecero la loro apparizione anche manuali d'istruzione dell'Armata Rossa, si può ben immaginare quanto fosse difficile coordinare le unità; se a questo si aggiunge che i repubblicani furono spesso costretti a utilizzare armi diverse per calibro, modello e munizionamento, ci si rende facilmente conto con quanti problemi dovevano misurarsi i comandanti di reparto. Grazie alla testimonianza di Riccardo Formica - alias Aldo Morandi - raccolte dallo storico Pietro Ramella, si sono appresi alcuni retroscena nelle operazioni che coinvolsero le formazioni internazionali, utili a conoscere il livello di preparazione delle unità e quali problemi insorgevano fra i comandi. Alla fine di dicembre del 1936 Morandi si trovava ad Andujar come capo di stato maggiore della XIV Brigata Internazionale. Nella cittadina si trovava il comando dell'unità, costituita in tutta fretta e inviata in Andalusia per fronteggiare la crescente minaccia avversaria nel sud del paese. Alla brigata era stato assegnato il neo costituito 9° battaglione mitraglieri, detto *de las Nueve Naciónes*, ma che in realtà ne comprendeva dodici. La scarsità di soggetti adatti a ricoprire incarichi di ufficiale aveva indotto i vertici di Albacete ad affidare il comando dell'unità a un comunista bulgaro di nome Stomatov. La scelta era stata evidentemente poco ponderata, benché questi avesse combattuto sul fronte rumeno, ma come soldato semplice. A causa dell'urgenza contingente i volontari avevano ricevuto solo l'addestramento preliminare e ciò fu causa di molteplici problemi, ma a nuocere più di tutto fu l'improvvisazione con la quale il reparto fu equipaggiato e inviato al fronte. Arrivato in treno a Linares, vicino a Jaén, nel pomeriggio del 22 dicembre 1936, tutte e quattro le compagnie del battaglione furono trasferite con i camion a Villa del Rio, dove lo stato maggiore repubblicano mise il comandante al corrente della situazione del fronte. La conversazione fu molto difficoltosa e si dovette ricorrere al francese, dato che nessuno degli ufficiali internazionali parlava lo spagnolo, ma anche in questo modo la comprensione delle informazioni non fu completa e causa di molti degli inconvenienti dei giorni successivi. Stomatov e i suoi appresero che il nemico avanzava da sud verso est, con l'obiettivo di tagliare la strada Madrid-Cadice e minacciare Jaén e tutto il fronte di Cordoba. La situazione appariva critica, poiché le forze repubblicane non riuscivano a contenere l'avanzata e i ribelli puntavano su Montoro e sulla stessa Villa del Rio. Il susseguirsi di notizie contraddittorie aumentava la confusione: in un primo tempo fu riferito che Montoro era stato abbandonato dai miliziani; poi fu detto che il paese non era stato occupato ed era pertanto terra di nessuno; quindi delle staffette riferirono che Montoro si trovava di ancora in mano repubblicana e che erano necessari rinforzi. A fine pomeriggio Stomatov ricevette l'ordine di raggiungere il fronte e posizionarsi a sud est di Montoro. La località venne loro indicata su una carta topografica appesa al muro; il comando non poteva fornire nessuna carta e l'unica in loro possesso era quella appesa. Si sarebbe sopperito con delle guide, abitanti del posto, che conoscevano bene la zona e un ufficiale spagnolo li avrebbe accompagnati. Al termine di una marcia di quattro ore nel tardo pomeriggio il battaglione si accampò nelle immediate retrovie. Nonostante i continui trasferimenti gli uomini avevano ricevuto un pasto caldo a mezzogiorno; merito di Petrovich, il commissario politico del battaglione, che aveva fatto mettere in funzione le cucine da campo A sera il commissario propose a Stomatov di far eseguire una verifica di delle armi, sezione per sezione e li avvenne la prima brutta sorpresa. Delle trentasei mitragliatrici ne funzionavano solo nove. Si fece pertanto appello alle competenze tecniche dei volontari per rimettere in efficienza le armi ma, benché ingrassate a dovere, diverse mitragliatrici erano residuati della guerra 1914-18, vendute dopo diciotto anni al governo repubblicano e necessitavano di pezzi di ricambio. Le armi furono smontate per ricercare il difetto che le faceva inceppare e si fece arrivare in tutta fretta da Villa del Rio un sottufficiale armiere che fu di grande aiuto. Il tempo incalzava poiché il giorno dopo il battaglione doveva riprendere la marcia per raggiungere le posizioni assegnate A notte inoltrata ventotto mitragliatrici erano di nuovo funzionanti, ma le sorprese non erano finite, poiché una volta aperte le cassette si scoprì che i nastri delle munizioni erano vuoti, senza proiettili; per di più non si trovavano gli apparecchi meccanici per caricarli. Caricare i nastri a mano era inutile, perché non si riusciva a sistemare perfettamente i proiettili e allora le mitragliatrici s'inceppavano; inoltre gli uomini si scorticavano le mani senza ottenere alcun risultato. Si sopperì con i soli due apparecchi disponibili, ma ci volle tutta la notte. All'alba le mitragliatrici erano funzionanti e tutti i nastri caricati, ma i soldati non avevano quasi riposato. L'ufficiale spagnolo incaricato di accompagnare il battaglione indicò a Stomatov le alture da occupare. Gli ordini erano di fortificarsi, tenere la posizione e sostenere l'assalto nemico. I camion fecero ritorno a Villa del Rio; sulla strada rimasero i veicoli con le munizioni, le cucine

Brigadas Internacionales; batterie di artiglieria.

Denominazione:	Storia.	Nazionalità
01) Agard	Assegnata alla XI Brigata Internazionale fino al dicembre 1936, poi alla XIV Brigata Internazionale fino al 29 maggio 1937; infine è inquadrata nell'artiglieria della 35a Divisione e inquadrata nel luglio 1937 nel II Grupo Skoda. Disciolta il 22 settembre 1938.	Francesi
02) Antonio Gramsci, anche nota come Guido Picelli	Con la XIII Brigata Internazionale dal 6 dicembre 1936 al 10 febbraio 1937; dall'aprile è inquadrata nella 45a Div. e infine confluisce nel Grupo Skoda-Baller. Disciolta il 22 settembre 1938.	Italiani
03) Pierre Brachet oppure Franco-Belga	Inquadrata il 6 novembre 1936 con il battaglione Edgar André nell'XI Brigata Internazionale,quindi dal 6 dicembre è dislocata a Valencia; nuovamente con l'XI brigata dal giugno al luglio 1937; dall'agosto successivo entra a far parte del II Grupo Skoda nella 35 divisione. Disciolta il 22 settembre 1938.	Belgi e francesi
04) Thaelmann:	Inizialmente assegnata al battaglione omonimo dal 25 ottobre al 28 novembre 1936; poi alla XIII Brigata Internazionale fino al febbraio del 1937 e infine assegnata al Grupo Skoda Baller. Disciolta il 23 settembre 1938.	Germanici e austriaci
05) Karl Liebknecht:	Con la XIII Brigata Internazionale dal 6 dicembre 1936 al 10 febbraio 1937; dall'aprile al luglio seguente è assegnato al Grupo Skoda-Baller nella 45a Divisione, quindi nuovamente con la XIII brigata fino al 26 ottobre e infine nel Grupo Skoda-Baller. Disciolta il 23 settembre 1938.	Germanici e austriaci e altri nord Europa
06) Pasionaria:	Con l'XI Brigata Internazionale dal giugno all'agosto 1937; assegnata al II Grupo Skoda della 35a Divisione. Disciolta il 23 settembre 1938.	Multinazionale
07) Rosa Luxemburg:	Costituita nel marzo 1937 e assegnata al I Grupo Skoda nella 11a Divisione. Disciolta il 23 settembre 1938.	Multinazionale
08) Jozko Majk:	Costituita nel giugno del 1937 e assegnata nel Grupo Eslavo nell'armata di Estremadura. Disciolta il 23 settembre 1938.	Slavi
09) Vasilj Kolarov:	Come la precedente	Polacchi e cechi
10) Glowacky Bartosz, oppure Hungara	Con la XIII Brigata Internazionale dall'agosto all'ottobre 1937; dal dicembre successivo è assegnata al Grupo Eslavo di artiglieria nell'armata di Estremadura. Disciolta il 23 settembre 1938	Ungheresi, cechi, polacchi
11) Stepan Radic:	Costituita nel marzo del 1938 e assegnata al Grupo Herik nell'armata del Levante. Disciolta il 23 settembre 1938.	Jugoslavi e balcanici
12) John Brown:	Come la precedente.	Nordamericani
13) Italiana:	Come la precedente.	Italiani
14) Tudor Vladimirescu:	Costituita nel gennaio 1938 e inquadrata il mese successivo nel Grupo Eslavo. Disciolta il 23 settembre 1938.	Rumeni e slavi
15) Rigaud:	Formata nel maggio del 1938 e inquadrata nel XXI corpo d'armata, comprendente la CXXIX brigata, disciolta nell'ottobre successivo	Multinazionale

Brigadas Internacionales; gruppi di artiglieria.

		Batterie Internazionali:
I Grupo Skoda Rosa Luxembourg	11a Divisione, fronte Centrale, dall'8 marzo al 24 giugno 1937; 45a Divisione, Armata di Manovra, fino al 25 Novembre 1938	07
II Grupo Skoda Ana Pauker	35a Divisione dal 30 giugno 1937 al 23 settembre 1938; fronti Centrale, d'Aragona e del Levante.	01-03-06
Grupo Eslavo:	Fronte dell'Estremadura dal marzo al settembre del 1938.	08-09-10-14
Grupo Erik:	Fronte del Levante dal marzo al settembre 1938.	11-12-13
Grupo Skoda-Baller:	11a Div. dall'8 marzo al 28 giugno 1937; XII Brigata Intern. fino al 27 luglio, fronte Centrale; Riserva artiglieria del XXI Corpo d'Armata, Ejercito del Sur, fino al settembre 1938; fronte del Levante.	02-04-05
Grupo Etienne:	XXI corpo d'armata dal maggio al settembre 1938, Ejercito del Sur.	15

Brigadas Internacionales; artiglieria contraerea.

Clement Gottwald:	Creata nel gennaio del 1937 ad Albacete e inviata al fronte di Madrid; disciolta il 25 settembre 1938	Cechi e slavi

da campo, e l'autoambulanza. Mentre Stomatov e Petrovich iniziavano l'ispezione delle trincee; l'ufficiale spagnolo si apprestò a rientrare allo stato maggiore. Ad un tratto si udirono degli spari; il tenente spagnolo era steso a terra e più avanti c'erano dei soldati che avanzavano. Gli uomini ebbero un attimo di esitazione, poiché da quella parte non doveva esserci nessuno. Il commissario Petrovich urlò: "Republicanos?", ma quelli risposero sparando. L'ufficiale spagnolo, che non era morto, si era rialzato e stava correndo verso la collina urlando: "El nemigo, el nemigo!". Si trattava di una pattuglia ribelle in avanscoperta. L'autoambulanza, le munizioni e la cucina da campo caddero in mano al nemico. Il 9° battaglione aspettava il nemico da sudest e invece se lo trovava alle spalle e nessuno sapeva spiegarselo. Il disorientamento generò una gran confusione; ma gli ufficiali ripresero in mano la situazione e voltate le mitragliatrici ordinarono di aprire il fuoco. Stomatov inviò una compagnia a occupare una fattoria sul lato destro del fronte e v'insediò il suo posto di comando. Da quella posizione dominava il sentiero da cui il nemico stava tentando di aggirare le colline. Dopo una breve consultazione fra gli ufficiali, Stomatov decise di contrattaccare per togliere ai nazionalisti una collina di fronte alla sua posizione. L'assalto fu condotto con energia e in meno

Cavalleria delle Brigate Internazionali			
Creazione:	Denominazione	Brigata	Scioglimento-riforma
9 novembre 1936	*Grupo Caballeria Eslavo*	XII	7 gennaio 1937
7 gennaio 1937	*Grupo Internaciónal de Caballeria Garibaldi*	XII	16 gennaio 1937
23 febbraio 1938	*Sección Caballeria Garibaldi*	XII	20 luglio 1938
4 luglio 1937	*Esquadron de Caballeria Dabrowski*	XIII	26 ottobre 1937
27 ottobre 1937	*Sección Caballeria Dabrowski*	XIII	23 settembre 1938
2 dicembre 1936	*Esquadron de Caballeria La Marsilleise*	XIV	16 gennaio 1937
2 febbraio 1937	*Esquadron de Caballeria La Marsillesa*	XIV	29 maggio 1937
3 gennaio 1937	*Esquadron de Caballeria Lincoln*	XV	9 giugno 1937
29 giugno 1937	*Esquadron de Caballeria Norteamericano*	XV	4 agosto 1937
10 novembre 1937	*Sección Caballeria Lincoln*	XV	4 luglio 1938
13 febbraio 1938	*Sección Caballeria Europa Central*	CXXIX	30 aprile 1938

di un'ora il nemico era in fuga. Durante l'attacco si erano però persi i collegamenti con la 3a compagnia, ma si sentiva dagli spari che questa stava ancora combattendo. Apparvero in cielo degli aerei, che passarono più volte a volo radente per mitragliare provocando molti danni. Il nemico premeva da nord-est e da sud-est, tuttavia non ci furono sbandamenti e tutte le compagnie si batterono coraggiosamente. Da Villa del Rio giunse nella sera un altro ufficiale con un ordine laconico: "Sganciarsi, ripiegare su Montoro, il nemico sta per completare l'accerchiamento". Vennero infine ripristinati i collegamenti con la 3a compagnia, quindi fu deciso un piano per la ritirata, ma si dovette abbandonare gran parte dell'equipaggiamento, eccetto armi e munizioni. Gli uomini erano stanchi, non mangiavano dalla sera del giorno prima e non avevano più viveri perché tutto era caduto nelle mani del nemico assieme alle cucine da campo. Alle diciassette iniziò la ritirata; due sezioni della 1a compagnia con due mitragliatrici vennero lasciate di copertura. Ma con l'arrivo della sera non fu facile mantenere il contatto. Le sentinelle della colonna di Petrovich intravidero delle ombre che si muovevano con cautela; il commissario politico rischiò e prese contato a voce, prima in spagnolo, poi in italiano, quindi in tedesco, ungherese e serbo-croato. Risposero in questa lingua, erano gli uomini della 2a compagnia. Nel frattempo Stomatov cercava di fare il punto della situazione con i due ufficiali spagnoli, ma apparve subito chiaro che avevano perso l'orientamento.

Fu deciso di trascorrere la notte in quel luogo, era il natale del 1936. Il mattino dopo, orientandosi con il sole, la marcia riprese e il battaglione arrivò al Guadalquivir. Occorreva attraversare il fiume e sull'altra sponda si sarebbe stati in salvo, ma non si vedevano ponti o guadi praticabili. Utilizzando dei tronchi d'albero fu costruita una piccola zattera, vi prese posto Stomatov con due uomini e con questi riuscì a raggiungere la riva opposta scomparendo alla vista. Da quel momento la situazione iniziò a degenerare: una parte degli uomini si diresse a Montoro, dove esisteva un ponte, ma incappò nei nemici che avevano già occupato il paese; un'altra parte continuò a spostarsi lungo la riva del Guadalquivir e con mezzi di fortuna riuscì a raggiungere la sponda opposta. Al suo arrivo ad Andujar, il commissario politico raccontò a Morandi quanto era accaduto e li apprese anche dell'arrivo di Stomatov il giorno prima. Nel frattempo gli uomini del 9o battaglione continuavano ad arrivare alla spicciolata e tra questi anche i superstiti delle due sezioni lasciate di retroguardia. Attaccati da una forte colonna nemica i volontari si erano difesi ma alla fine erano stati sopraffatti. Il comandante della compagnia era morto e il commissario Locatelli probabilmente era stato catturato. *L'alferez* Zaccaria con pochi altri era riuscito a sganciarsi, a raggiungere il fiume e ad attraversarlo. Degli oltre 600 uomini partiti da Albacete solo 231 si ritrovarono alla fine ad Andujar, tutti gli altri erano andati dispersi in ogni direzione, prigionieri oppure caduti in combattimento.

Luigi Longo cercò di giustificare quel sacrificio con le seguenti parole: "Per quanto queste perdite siano gravi e dolorose, non si può dire che il martirio del 9o battaglione internazionale sia stato vano. Gettandosi di traverso le colonne fasciste avanzanti, esso ne ha spezzato lo slancio offensivo e ha dato tempo a tutta la XIV brigata internazionale e agli altri rinforzi spagnoli di arrivare sul campo di battaglia e di elevarvi una barriera insormontabile".

Anche se molti degli inconvenienti raccontati a Morandi furono dovuti a una serie di coincidenze a dir poco sfortunate, quanto accaduto al 9o battaglione è tuttavia un esempio eloquente dell'impreparazione degli ufficiali e del clima di improvvisazione regnante in quei giorni nell'esercito repubblicano, nonché della difficoltà di comunicazione a causa della scarsa comprensione linguistica. Innumerevoli furono anche in altre occasioni gli errori nel munizionamento, accaduti a volte in circostanze altrettanto drammatiche, come sperimentarono nel febbraio del 1937 i mitraglieri del battaglione britannico della XV brigata, quando - nel mezzo dei combattimenti di Jarama - scoprirono che tutte le munizioni ricevute erano inadatte alle loro mitragliatrici Maxim. In altre tragiche circostanze gli internazionali pagarono a caro prezzo l'impreparazione dell'esercito repubblicano e a farne le spese, durante la difesa di Madrid nell'autunno del 1936, furono i membri dei primi battaglioni internazionali. Alla metà di dicembre del 1936 una compagnia del battaglione *Thaelmann* si trovava di presidio nel villaggio di Boadilla del Monte, ma si ritrovò nel mezzo della ritirata dei repubblicani, rimanendo isolata sotto il fuoco avversario. Quando una sezione cercò di ritirarsi fu scambiata per un gruppo di avversari in avanzata, finì nel mezzo di un terribile fuoco incrociato e perse a quel modo 23 uomini. I battaglioni internazionali, in quanto considerati reparti d'assalto, dovevano essere in grado di assolvere ai compiti più impegnativi e per questo più costosi in termini di vite umane. Di conseguenza si continuò a impiegare le unità come un ariete, non sfruttando il vantaggio che poteva derivare dalla potenza di fuoco dei mezzi corazzati.

All'inizio della guerra il poco tempo a disposizione per l'addestramento costrinse alla rinuncia dei piani troppo sofisticati, col risultato di inviare ondate dopo ondate di uomini contro nemici ben trincerati.

Ancora dopo molti mesi dall'inizio della guerra, le unità internazionali attaccavano seguendo lo schema tradizionale che preveda l'avanzamento in corsa, quindi l'arresto e il fuoco inginocchiati e di nuovo l'avanzamento.

L'utilizzo delle mitragliatrici, nonostante la presenza di un'intera compagnia per battaglione, non conferiva agli assalti la potenza di fuoco necessaria, considerata la pesantezza e la scarsa mobilità di armi come le Maxim sovietiche e le Hotchkiss francesi e solo in seguito, con l'arrivo delle più moderne mitragliatrici leggere Degtyarev M1926 o le ZB26/30 cecoslovacche, fu possibile aumentare l'efficacia dei reparti di assalto, quali erano le Brigate Internazionali.

Ma non sempre fu possibile ottenere un miglioramento apprezzabile del volume di fuoco necessario: alla vigilia della battaglia di Brunete, nel luglio del 1937, il battaglione *Washington* schierava 604 uomini e disponeva di 550 fucili, 27 mitragliatrici leggere e 8 pesanti, ovvero molto meno di quanto un classico reparto di assalto avrebbe schierato nel secondo conflitto mondiale.

L'alta percentuale di fucili rispetto alle armi automatiche rendeva problematico ottenere un fuoco

▲ José Hugues un volontario repubblicano di 73 anni che ha combattuto sul fronte aragonese. Settembre 1936 (NAC)
José Hugues, a 73-year-old Republican volunteer fighting on the Aragonese front, September 1936. (NAC, Public Domain)

di saturazione efficace contro le postazioni nemiche e questo a volte anche a causa delle armi difettose. Se infine si considera che l'intera l'armata repubblicana soffrì per tutta la durata della guerra di una cronica mancanza di artiglieria pesante e di aerei per l'attacco al suolo, diventano più chiare le cause delle sconfitte e delle alte perdite subite. Questi problemi si accentuarono quando il comando repubblicano decise la creazione di strutture divisionali permanenti, le quali diminuirono l'autonomia delle brigate.

Tra il luglio e il novembre del 1937 le brigate internazionali persero le unità di cavalleria, artiglieria e del genio, a vantaggio delle divisioni in cui si trovavano inquadrate, conservando in alcuni casi solo le batterie anticarro e la compagnia trasmissioni. Tuttavia le eccezioni non mancarono, poiché la XV brigata a novembre manteneva ancora i genieri, mentre la XIV disponeva ancora di cavalleria, inoltre in quello stesso periodo la brigata si trovava inserita nella 3a divisione repubblicana e fu trasferita alla 45a solo nel marzo seguente. Se in via teorica la separazione delle altre armi dalla fanteria avrebbe dovuto migliorare la flessibilità e l'efficacia tattica delle formazioni, questa riforma provocò invece un peggioramento delle capacità militari, poiché aggravò l'inferiorità di armamento rispetto alle unità nazionaliste.

A titolo di esempio – citando le due principali divisioni nelle quali furono inquadrate le Brigate Internazionali alla fine del 1937 - la 45a divisione disponeva di tre batterie di artiglieria, ma equipaggiate con un solo cannone da 75 mm. risalente alla fine del secolo precedente, mentre gli altri pezzi erano in massima parte di calibri poco adatti al fuoco di copertura e di sbarramento; l'altra divisione, la 35a, era in condizioni migliori, ma doveva accontentarsi di solo nove pezzi da 76 mm. catturati l'estate prima ai nazionalisti. Nonostante il potenziamento delle divisioni, comprendenti a volte anche un battaglione di riserva – come nella 45a divisione – nonché di una batteria anticarro, gli uomini a disposizione erano spesso in numero inferiore alle necessità. La 45a divisione, la più forte fra quelle 'straniere', schierava 9.855 uomini, mentre la 35a ne contava 6.800, ovvero meno della forza teorica di due brigate miste. Il problema non era da poco e questa debolezza apporta nuovi motivi per spiegare le difficoltà in cui si muovevano le brigate internazionali.

Al tempo della ritirata d'Aragona della primavera del 1938, gran parte delle unità di artiglieria internazionali – 15 batterie con solo 30 pezzi di calibro superiore ai 75 mm. – si trovava distaccata presso cinque diverse armate o corpi d'armata.

LE CAMPAGNE DELLE BRIGATE INTERNAZIONALI

XI Brigada Internaciónal

Il 22 ottobre 1936 si costituiva ad Albacete la IX *Brigada Móvil*, formata riunendo i battaglioni *Jorge Hans* (successivamente *Edgar André*), *Garibaldi* e *Commune de Paris*. Mentre il primo corpo era formato in maggioranza da tedeschi, compresi alcuni austriaci, belgi fiamminghi, olandesi, polacchi e altri volontari dell'Europa dell'est, il secondo era prevalentemente italiano, al quale era stato aggregato un gruppo di volontari provenienti da Tolosa, ma di origini spagnole; l'ultimo battaglione era invece composto da francesi e belgi, con una compagnia fucilieri interamente britannica, più una compagnia mitraglieri formata coi volontari polacchi della sezione *Dabrowski*, già facente parte della centuria *Gastone Sozzi*, diventata a sua volta la terza compagnia del battaglione *Garibaldi*. Tre giorni dopo la brigata fu ampliata a 5 battaglioni con l'inserimento dei battaglioni in corso di formazione *Dabrowski* e *Thaelmann*. La prima unità si era costituita riunendo i polacchi raccolti ad Albacete con i connazionali già presenti nel *Commune de Paris* e completato con altri volontari provenienti dai paesi balcanici; il secondo battaglione originava dalla *Centuria Thaelmann* che aveva combattuto in Aragona nella milizia del PSUC e comprendeva anche una sezione mitraglieri britannica. L'organico della brigata era completato da una batteria di artiglieria, agli ordini del capitano francese Agard. Il 1° novembre la brigata prese il definitivo nome XI *Brigada Internaciónal* e posta agli ordini del generale Manfred Stern, alias Emilio Kléber; commissario politico Mario Nicoletti, pseudonimo di Giuseppe Di Vittorio; capo di stato maggiore il francese Jean Marie Francois, noto come *Geoffrey*, che fino ad allora aveva comandato l'unità. Alla vigilia della partenza per il fronte di Madrid, il battaglione *Edgar André* fu ampliato di organico con la creazione di una sezione mitraglieri francese; furono inoltre aggregati alla brigata una compagnia di zappatori e una di stato maggiore, più una sezione di artiglieria formata da volontari francesi e belgi agli ordini di un avvocato di Bruxelles, il socialista Pierre Brachet. Il 7 novembre 1936 la brigata partì per il fronte centrale, priva però del battaglione *Dabrowski*, ancora a corto di addestramento, del *Garibaldi* e del *Thaelmann* – con armamento ancora incompleto - trasferiti in altre unità e rimpiazzati da un battaglione spagnolo. Gli uomini di Kleber presero posizione nella notte fra l'8 e il 9 novembre nel settore fra la città universitaria e la Casa del Campo, col centro rivolto verso il Puente de los Franceses. Il battesimo del fuoco arrivò la mattina successiva e dette inizio a dieci giorni di furiosi combattimenti, sostenuti con valore ma pagati con un elevato tasso di perdite, tanto da costringere il comando a rimpiazzare gli esausti battaglioni dell'XI con quelli della XII brigata appena arrivata a Madrid. Il 28 novembre, dopo essere stata impiegata nelle retrovie per lo sgombero delle macerie, la brigata ritornò sulle

▲ **Penchienati e Giorgi** - rispettivamente maggiore e capitano del battaglione Garibaldi, primavera del 1937 - indossano entrambi la cazadora, una corta giacca monopetto - di stoffa con tasche sul petto Penchienati e di cuoio senza tasche Giorgi - sulla quale sono cuciti i distintivi di grado. I pantaloni di stoffa pesante erano di tutte le tonalità del marrone e del kaki e venivano indossati sciolti oppure legati e infilati dentro le scarpe. La fotografia originale era stampata al contrario. (archivio dell'autore)

Penchienati and Giorgi - major and captain of Garibaldi battalion, Spring 1937, both wear the cazadora a short cloth coat with pockets on the chest for Penchienati, and in leather without pockets for Giorgi, On these there rank patches were sown on. The heavy cotton trousers were normally in different shades of brown or kaki. The original picture was printed reverse. (Author's archive)

► Questa foto è stata pubblicata dal Guardian nel dicembre 2009, a commento dell'appello lanciato dal governo spagnolo per individuare l'identità del volontario afro-americano qui raffigurato. La foto, una volta identificata, sarebbe stata consegnata al presidente USA Barack Obama, atteso in visita a Madrid per il 2010. Lo scatto risale con ogni probabilità al dicembre del 1936, cioè all'arrivo del contingente americano a Barcellona, e si pensa che il giovane volontario ritratto sia stato fra i caduti a Jarama nel febbraio 1937. Dopo alcune settimane di investigazione negli archivi della **Abraham Lincoln Brigade** e dopo un fitto scambio di messaggi sul sito internet del giornale, due possibili identità sono state presentate: Milton Herndon di Chicago e Paul Williams dell'Ohio; tuttavia alcuni hanno suggerito che potrebbe trattarsi di un volontario cubano, arrivato a Barcellona assieme ai suoi connazionali nello stesso periodo degli statunitensi. (foto da *The Guardian*, 12 dicembre 2009)

This picture was published by The Guardian in December 2009, to comment the Spanish attempt to identify the afro-american volunteer here portrayed, who arrived with the American contingent in Barcelona in December 1936.

vecchie posizioni. La calma relativa permise una riorganizzazione dell'unità, che ricevette nuovamente il battaglione *Thaelmann*, completato su quattro compagnie, di cui due tedesche, una polacca e una balcanica, più un plotone di quattro carri da combattimento agli ordini di un ufficiale italiano. Il comando della brigata fu assunto dal tedesco Hans Kahle, capo di stato maggiore Ludwig Renn; sotto la loro guida l'XI fu inviata nel settore nordovest, a difesa della strada de La Coruña, presso la città universitaria, dove rimase ucciso in circostanze poco chiare Hans Beimler, l'apprezzato e abile commissario politico del battaglione *Thaelmann*. Alla metà di dicembre la brigata fu coinvolta nei violenti combattimenti di Boadilla del Monte, proseguiti per otto giorni e dove l'unità perse un quarto degli effettivi; ciò determinò il suo ritiro dal fronte il 23 dicembre 1936. Dopo un breve periodo di riposo i battaglioni presero nuovamente posizione in prima linea a difesa della strada per La Coruña. A gennaio i combattimenti si svolsero in condizioni proibitive, il gelo e spesso la nebbia resero ancora più aspri e dolorosi gli scontri, che provocarono forti perdite in entrambi gli schieramenti, per questo, ai primi di febbraio, la brigata fu inviata nelle retrovie a Murcia per riorganizzarsi. I tre battaglioni della brigata furono integrati con nuovi volontari arrivati ad Albacete: una sessantina di francesi entrò a far parte del *Commune de Paris*; i tedeschi e gli austriaci furono inviati al battaglione *Edgar André*, mentre altri stranieri assortiti andarono al *Thaelmann*, che a quel punto aveva nei suoi ranghi volontari di 11 diverse nazionalità; per il completamento degli organici fu necessario ricorrere anche a reclute spagnole. Fino al ritiro avvenuto nel settembre del 1938 la brigata combatté in tutte le maggiori azioni di guerra, alla metà di febbraio fu schierata con l'11a divisione nel settore meridionale del fronte di Madrid, dove prese parte alla battaglia dello Jarama. L'8 marzo del 1937, quando gli italiani del Corpo Truppe Volontarie di Mussolini lanciarono l'offensiva in direzione di Guadalajara, l'XI brigata fu la prima unità repubblicana con la quale entrarono in contatto. La battaglia infuriò per tutto il giorno attorno lungo la strafa fra Torija e Trijueque e pur cedendo terreno, gli uomini della *Hans Beimler* – nome assunto da tutta la brigata da febbraio – rallentarono l'avanzata avversaria, dando modo di organizzare con successo la controffensiva che poi travolse gli attaccanti. Guidata a partire dal 31 marzo da Richard Staimler e trasferita alla 35a divisione, la brigata allineava quattro battaglioni internazionali e due spagnoli, per complessivi 3.565 uomini: il neo-costituito battaglione *Hans Beimler*, formato con volontari tedeschi, belgi fiamminghi e olandesi, entrava in organico assieme al battaglione a maggioranza austriaco *Zwölfte Februar*, entrambi di quattro compagnie fucilieri; mentre il *Commune de Paris* veniva trasferito alla XIV brigata. Durante la battaglia di Brunete i battaglioni dell'XI assalirono frontalmente le trincee avversarie a Quijorna, al crocevia della strada fra Brunete e Alarcon, subendo perdite elevatissime, per cui fu necessario il ritiro dal fronte per una nuova riorganizzazione. Rientrata il prima linea sul fronte di Aragona, l'XI brigata - divenuta da luglio la *Brigada Ernst Thaelmann* – travolse le linee nazionaliste a Mediana il 23 settembre, nel corso della battaglia di Belchite; in quello scontro cadde il valoroso comandante del battaglione *Thaelmann*, Georg Elsner. Durante i combattimenti in Aragona dell'autunno del 1937, la brigata passò agli ordini di Heinrich Rau e sotto il nuovo comandante partecipò ai sanguinosi scontri di Teruel. Gli uomini della *Thaelmann* combatterono accanitamente il 29 dicembre alla difesa del settore di Concud, poi dal 5 all'8 gennaio seguenti si batterono valorosamente nelle vicinanze di La Muela del Teruel per il possesso di tre quote che cambiarono possesso più volte, infine a febbraio furono coinvolti nella difesa del settore di Alfambra. Le perdite subite in due mesi di lotta furono elevatissime, ma l'emergenza non permise il ritiro della brigata, che fu schierata nuovamente in prima linea il 9 marzo fino al definitivo crollo del fronte, obbligandola a ritirarsi più a sud e infine a trincerarsi a Favara. La disastrosa ritirata repubblicana compromise ogni resistenza e così i resti della brigata si misero in marcia per ricongiungersi all'esercito repubblicano in Catalogna. Al termine della ritirata gli organici erano ridotti ai minimi termini: la brigata poteva schierare meno di 500 effettivi; intere

compagnie erano state annientate; il battaglione *Thaelmann* disponeva di appena 80 uomini in grado di combattere. Disciolto il battaglione *Beimler* per amalgamarlo con i restanti e ricostituita con reclute spagnole, l'XI brigata era 'internazionale' solo grazie ai veterani ancora nei ranghi delle unità che conservavano le originali denominazioni. Al comando di Otto Flatter, nome di battaglia del futuro ministro degli esteri ungherese Férenc Münnich, il 25 luglio la brigata superò i ponti sull'Ebro e penetrò in profondità a pochi chilometri da Gandesa. Per la conquista di quell'obiettivo chiave era necessario espugnare le posizioni nemiche sul Puig de l'Aguila e così, dopo un periodo trascorso in prima linea lungo la strada da Pinell a Gandesa, gli uomini di Flatter rilevarono la XV brigata e il 16 agosto andarono all'assalto di quell'obiettivo, nel disperato tentativo di avanzare dove si erano dissanguate inutilmente tante altre unità repubblicane. Schierati alla fine del mese a difesa della Sierra de Pandols, i resti della brigata respinsero per tre giorni gli assalti avversari, quindi furono trasferiti nella valle di Venta de Camposines, da dove poi si ritirarono in direzione della Sierra de Caballs, non potendo difendere una posizione così vasta. Il 22 settembre, in

◄ Il portone di ingresso del Palacio de Ibarra, dove si trovavano asserragliati gli artiglieri del Corpo Truppe Volontarie di Mussolini, catturati dai volontari del battaglione Garibaldi nell'ultima fase della battaglia di Guadalajara. Il 17 marzo del 1937 si trovarono di fronte per la prima volta i combattenti italiani degli opposti schieramenti, in una drammatica anticipazione della guerra civile del 1943-45. La battaglia di Guadalajara fu combattuta in condizioni atmosferiche estremamente avverse; pioggia e gelo sferzarono il campo di battaglia per tutta la durata dei combattimenti, costringendo le unità a dare fondo alle scorte di equipaggiamento invernale, come si vede dalla tenuta dei due combattenti ritratti. (Archivio dell'autore)

The main entrance of the Palacio de Ibarra, where Mussolini's artillerymen of the Corpo Truppe Volontarie were barricaded but failed and were taken prisoners by the Italian volunteers of Garibaldi battalion in the final phase of the battle of Guadalajara. The operation was conducted in deep rain and frozen temperatures, as is evident by the soldier's clothing, ranging from all kinds of raincoats. (Author's archive)

seguito al ritiro dei volontari stranieri, l'XI brigata diventò un'unità interamente spagnola.. Ricostituita il 26 gennaio 1939 con i volontari tedeschi e austriaci che si trovavano ancora in Catalogna, la nuova XI brigata era composta da due piccoli battaglioni e inquadrata assieme alla XIII brigata nella *Agrupación* agli ordini del polacco Henryk Torunczyk, che nel febbraio seguente formò la retroguardia della colonna di profughi che si riversò in Francia.

XII Brigada Internaciónal

A ssieme alla precedente, la XII brigata sostenne il più alto numero di combattimenti di ogni altra unità internazionale. Originariamente formata a Terrazona e Mayora con i battaglioni *Garibaldi, Thaelmann* e *André Marty*, l'unità fu al comando dell'ungherese naturalizzato sovietico Maté Zalka, alias *Paul Lukács*; capo di stato maggiore Karlo Lukanov, ovvero *Coronel Bielov*, Luigi Longo commissario politico, sostituito alla vigilia della partenza per il fronte dal tedesco Gustav Regler. I battaglioni attendevano di completare l'equipaggiamento, ma l'emergenza determinata dall'offensiva avversaria su Madrid accelerò i tempi e così, il 9 novembre, gli uomini partirono per il fronte, assegnati al corpo della *Reservas Generales Adjuntas al Estado Mayor Central*. La brigata schierava 1.600 uomini, non disponeva di supporto di artiglieria e il battaglione *André Marty* poteva schierare soltanto una compagnia di mitraglieri e due di fucilieri; quest'ultimo era composto da francesi e da belgi valloni, più alcuni svizzeri francofoni e spagnoli residenti in Francia; un reparto esploratore di cavalleria, formato prevalentemente da polacchi e jugoslavi, completava l'organico. Il 13 novembre i tre battaglioni attaccarono nel settore sud della città, al Cerro de Los Angeles, un convento fortificato che proteggeva il fianco destro dello schieramento avversario, ottenendo un importante successo contro una posizione fortificata e difesa da truppe regolari. Una settimana più tardi gli uomini di Lukács sostituirono l'XI brigata nella difesa della città universitaria, dove per sette giorni combatterono accanitamente casa per casa, difendendo il quartiere dai violenti assalti nemici condotti senza risparmio di fuoco d'artiglieria e di bombardamenti aerei. La brigata fu ritirata da quel settore il 27 novembre per essere riorganizzata; ceduto il battaglione *Thaelmann* all'XI brigata, l'organico fu ripristinato con gli uomini del *Dabrowski*, appena giunti da Albacete e con queste forze si scontrò nuovamente con gli avversari nei settori di Aravaca e Pozuelo, quindi, prima della fine dell'anno, fu schierata a difesa della strada per La Coruña, dove inflisse forti perdite agli avversari nella difesa di Boadilla. Ai primi di gennaio del 1937 il reparto esploratore di cavalleria fu aumentato fino alla forza di una piccola compagnia, denominata *Grupo Internacional de Caballeria*. Agli inizi del nuovo anno, agli ordini di Randolfo Pacciardi – che sostituiva Lukacs assente per qualche giorno – la brigata fu schierata sul fronte di Guadalajara, dove mosse all'assalto dei villaggi di Mirabueno e Los Almadrones, conquistati fra il 12 e il 14 gennaio, ma l'avanzata fu arrestata tre giorni dopo al Monte de San Cristobal. Il 6 febbraio i nazionalisti scatenarono l'offensiva nella valle dello Jarama, costringendo il comando repubblicano a impiegare tutte le forze a disposizione; la brigata, facente parte dell'11a divisione del generale Enrique Lister, schierò i suoi battaglioni a difesa dei ponti di Arganda e Pindoque, dove il battaglione *André Marty* fu travolto da un improvviso assalto nemico e nella ritirata perse molti uomini e materiale da guerra. L'8 marzo, durante i combattimenti attorno a Guadalajara, i battaglioni *Dabrowski* e *Garibaldi* con l'*André Marty* in sostegno, appoggiati da una compagnia blindati, furono inviati in tutta fretta assieme a reparti spagnoli a

▲ La copertina del periodico del battaglione canadese Mackenzie-Papineau, XV brigata, riproduce l'insegna dell'unità. Ogni battaglione delle Brigate Internazionali stampava una propria pubblicazione dove apparivano articoli scritti nelle lingue predominanti nei battaglioni e naturalmente anche in spagnolo. La prima pubblicazione dei volontari italiani fu *Noi passeremo* iniziata nel febbraio del 1937; un'altra rivista della XII brigata, *Il Garibaldino*, fu la più longeva fra quelle delle Brigate Internazionali, pubblicata dal maggio 1937 al settembre 1938. (Archivio dell'autore)

The flag of Canadian battalion Mackenzie-Papineau, 15th International Brigade, reproduced on the cover of magazine's unit. All international battalions published a magazine and the first Italian journal – Noi Passeremo (we will go) started in February 1937. Another Italian magazine, entitled Il Garibaldino, continued to be published until September 1938.

difesa del settore dell'Alcarria, per opporsi agli italiani della divisione *Littorio* e quattro giorni dopo passarono al contrattacco. Il battaglione *Garibaldi*, con i fianchi coperti dagli altri due reparti, ricevette l'ordine di assaltare le fortificazioni del Palacio de Ibarra, dove si trovava una batteria di artiglieria nemica. I *garibaldini* respinsero un tentativo dei militari italiani di rompere l'accerchiamento; poi, attraverso una breccia, penetrarono nel complesso e travolsero i difensori, che dopo una breve resistenza si arresero. Un totale di 262 prigionieri con una gran quantità di materiale bellico composto da trattori per artiglieria, tre cannoni, sei autocarri, mitragliatrici, motociclette, viveri e altro equipaggiamento finirono nel bottino dei garibaldini: il sigillo di un successo dagli effetti devastanti per la propaganda di Mussolini. Nel corso della controffensiva repubblicana la brigata occupò Brihuega il 13 marzo e prima della fine del mese sostenne altri combattimenti a Morata de Tajuña e al Cerro Garabitas, quindi fu trasferita nel settore di Huesca, sul fronte di Aragona, dove – nel giugno 1937 – partecipò all'offensiva repubblicana e perse il proprio comandante, *General Lukacs*, ucciso dal fuoco dell'artiglieria nazionalista. Inviata nelle retrovie fra Tortosa, Fuencarral e Valdeavero, la brigata fu riorganizzata con l'inserimento dei nuovi battaglioni formati con volontari italiani e reclute spagnole, cedendo però il *Dabrowski* e l'*André Marty* alla CL; uno dei nuovi battaglioni prese il nome *Figlio* mentre l'altro fu identificato come *Il Batallón Italo-Español*. Agli ordini di Randolfo Pacciardi la brigata, ora assegnata alla 45° divisione, XXI corpo d'armata dell'*Ejercito de Maniobra*, fu inviata ai primi di luglio nel settore di Brunete e lanciata all'assalto di Villanueva del Pardillo, che fu conquistata dopo aspri combattimenti; poi l'11 luglio le sorti della battaglia mutarono e le posizioni conquistate furono abbandonate una dopo l'altra. Alla fine del mese le truppe furono inviate nelle retrovie per riorganizzare i reparti; Pacciardi – ferito in azione – cedette il comando al socialista Carlo Penchienati, che lo mantenne fino alla fine dell'agosto successivo, per poi lasciarlo al comunista Nino Raimondi, che comandò la XII brigata durante l'offensiva su Belchite. Nel corso dei combattimenti dell'agosto 1937, la XII brigata assaltò le trincee nemiche a Farlete; poi, al termine dell'offensiva, fu inviata per riorganizzarsi a Binefar, dove si procedette a un nuovo avvicendamento ai comandi con l'arrivo del francese François Bernard. Trasferita in Estremadura, nel settore della Sierra Quemada, i garibaldini combatterono durante l'offensiva repubblicana su quel fronte, dove rimasero fino alla fine dell'anno. Il nuovo comandante Arturo Zanoni,

sostituto di Bernard dal novembre 1937, fu destituito in seguito all'insuccesso dell'attacco notturno del 16 febbraio, conclusosi con la rovinosa ritirata dei repubblicani, e rimpiazzato dal maggiore spagnolo Eloi Paradinas Quero. Nel marzo 1938 la XII brigata raggiunse il fronte di Aragona per contrastare l'offensiva nemica contro Mediana, da dove poi si ritirò schierandosi a difesa della strada Gandesa-Tortosa; in quegli scontri un'intera compagnia rimase isolata e andò perduta, compresi il comandante Paradinas e il commissario politico Quinto Raimondi, alias Battistatta, caduti in mano ai ribelli e fucilati a Gandesa il 2 aprile. Agli ordini del comunista italiano Martino Martini, pseudonimo di Alessandro Vaia, la brigata trascorse un periodo di riposo in Catalogna per riorganizzarsi: venne aggregato il gruppo di artiglieria *Skoda-Baller* con tre batterie; fu disciolto il reparto di cavalleria; i battaglioni furono completati ricorrendo prevalentemente a reclute locali. Nel luglio seguente la *Garibaldi* fu inviata nuovamente in Aragona per partecipare all'offensiva sull'Ebro. Fino al 14 agosto i battaglioni della *Garibaldi* fecero parte della riserva, poi da quella data si spostarono in prima linea in sostituzione delle unità dell'11a divisione nel settore della Sierra de Pandols. Andati all'assalto delle posizioni nemiche al Puig del Aguila, noto come la *cota de la muerte*, gli esausti battaglioni della XII entrarono in possesso della cima a tarda notte. A settembre lo scenario della lotta si spostò nel settore della Venta de Camposines, dove la brigata subì numerose perdite nei combattimenti attorno alle quote 382, 356, 371 e al Coll del Cosso; quindi - il 23 settembre - iniziò il ritiro dei volontari stranieri. A gennaio del 1939, durante l'avanzata nazionalista in Catalogna, gli internazionali italiani che aspettavano di essere trasferiti oltre confine ricostituirono un embrione della brigata *Garibaldi*, inquadrato nell'*Agrupación Szuster*, con l'intenzione di riunirsi alle forze repubblicane a difesa di Llagostera, ma svanita ogni possibilità di resistere si ritirarono e il 9 febbraio raggiunsero la Francia attraverso la strada costiera. Nei campi profughi in Francia si stima che siano transitati almeno 1.533 volontari italiani.

XIII Brigada Internaciónal

Costituita nel dicembre del 1936 e affidata al comandante tedesco 'Gomez' alias Wilhelm Zeisser, il connazionale Albert Schindler come capo di stato maggiore e il polacco Suckanek commissario politico, era formata da tre battaglioni di fanteria: *Louise Michel; Henri Vuillemin; Tchapaiev*; più una compagnia di riserva formata da volontari jugoslavi e bulgari. I primi due battaglioni erano composti da francesi e belgi, completati da reclute spagnole. Il battaglione *Capaiev*, che prendeva curiosamente il nome da un personaggio di un film di propaganda sovietico degli anni '30, era comandato dal comunista svizzero Otto Brunner e schierava al momento di entrare in linea 625 uomini di varie nazionalità; la maggior parte proveniva dai paesi balcanici, ma vi erano anche un'ottantina di svizzeri e una sezione di mitraglieri austriaci, mentre una compagnia era interamente polacca e intitolata al poeta *Adam Mickiewicz*. Secondo alcuni autori, nella XIII brigata furono inquadrati anche volontari italiani. L'unità raggiunse il fronte di Aragona il 27 dicembre del 1936 nel settore di Teruel e fu impegnata negli assalti alle linee nazionaliste del 31 dicembre e del 2 gennaio; la compagnia *Mickiewicz* si segnalò nel violento scontro avvenuto nel cimitero di Teruel mettendo in fuga gli avversari, pur perdendo un terzo degli effettivi. Molto peggiore fu la sorte del battaglione *Tchapaiev*, che perse quasi metà della forza schierata, mentre lo *Henry Vuillemin* lamentò oltre le perdite anche la diserzione del suo comandante, il maggiore Henry Dupré, passato al campo nemico provocando un autentico scandalo nel partito comunista francese. Nel gennaio seguente la brigata fu inviata nelle retrovie per riorganizzarsi; il battaglione *Louise Michel* fu disciolto per completare gli organici degli altri, ma fu necessario

▲ I volontari spesso indossavano la tuta da operaio.
Volunteers often wore a worker's overalls.

ricorrere anche reclute spagnole, come i 250 rinforzi destinati al battaglione *Tchapaiev*. Nel febbraio del 1937 la brigata fu inviata a Murcia, nel settore di Malaga, dove partecipò agli inconcludenti assalti su Motril e Pitres; poi, il 18 febbraio, venne spostata sul fronte dell'Andalusia e rinforzata da un battaglione della CNT. I battaglioni *Vuillemin e Capaiev* furono schierati a Pozoblanco, da dove ai primi di marzo partirono alla conquista di Santa Maria della Cabeza. Le temperature proibitive causarono molti disagi agli interbrigatisti, ma i battaglioni rimasero in prima linea fino al 27 marzo. Fra aprile e maggio la brigata venne rinforzata con altri due battaglioni spagnoli. Trasferiti sul fronte dell'Estremadura, il 4 aprile i due battaglioni internazionali parteciparono all'offensiva nel settore di Peñarroya e alla conquista di Valsequillo, La Granjuela y Los Blázquez, consolidando le posizioni attorno alla cima de El Terrible e respingendo i contrattacchi avversari fino al 6 aprile. Ma la successiva conquista delle alture della Sierra Noria fallì e l'offensiva dovette essere sospesa. La XIII brigata sostenne altri combattimenti di retroguardia, combattendo contro il Corpo Truppe Volontarie a Campillo de Llerena, quindi tutti i reparti furono inviati alla base di Albacete. L'italiano Krieger – nome di battaglia del comunista Vincenzo Bianco - sostituì Zeisser quale comandante, mentre il polacco Tadeusz Oppman prese il posto di Schindler come capo di stato maggiore; commissario politico fu nominato lo jugoslavo Blagoye Parovic. Assegnata alla 15a divisione, III corpo d'armata dell'*Ejercito del Centro*, la

Perdite subite dalla Brigate Internazionali nella battaglia di Brunete (7-16 luglio 1937)						
Brigata	prima	dopo	morti	feriti	dispersi	totale
XI	3.555	2.390	165	519	200	1.165
XII	2.134	1.658	78	295	103	476
XIII	1.967	868	278	610	211	1.099
XIV	1.643	1.600	5	30	8	43
XV	2.144	915	293	747	189	1.299
CL	1.910	1.640	121	320	50	491

Fonti: Niccolò Capponi: I Legionari Rossi, le Brigate Internazionali nella guerra civile spagnola (1936-1939) e Manuel Requena Gallego (a cura di): La Guerra Civil Española y las Brigadas Internacionales.

► I volontari del battaglione Garibaldi si apprestano a raggiungere il fronte di Guadalajara nel marzo del 1937. La vittoria dei repubblicani fu ampiamente celebrata dalla stampa internazionale ed ebbe un'enorme eco grazie alla propaganda del Comintern. Una miriade di giornalisti stranieri accorse dopo la battaglia a testimoniare la vittoria dei garibaldini sulle truppe inviate da Mussolini; il corrispondente del New York Times scrisse: "non si è assistito a niente di più eclatante dalla fine della grande guerra di questa sconfitta degli italiani sul fronte di Guadalajara". Attraverso questi articoli fu consacrato il valore dei volontari delle Brigate Internazionali, ma si mise in secondo piano il contributo dell'esercito repubblicano, che invece ebbe un ruolo determinante. (Archivio dell'autore)

XIII brigata fu inviata sul fianco sinistro nel settore di Brunete; il 5 luglio i suoi battaglioni avanzarono su Villanueva de la Cañada, dove per tutto il giorno infuriarono i combattimenti per il controllo del paese. Gli scontri proseguirono nella notte; la brigata perse in azione il commissario politico Perovic, sostituito dall'italiano Camen, nome di battaglia del comunista Giancarlo Pajetta. L'8 di luglio il battaglione *Tchapaiev* tolse ai nemici le trinceW Villafranca, difendendolo il giorno seguente dai violenti contrattacchi nemici. L'esaurimento fisico e le perdite subite provocarono l'ammutinamento dell'intera brigata, la quale, disobbedendo all'ordine di tornare in prima linea, si diresse su Madrid. I rivoltosi furono disarmati dalle *Guardias de Asalto* e dai carri armati inviati dal governo; i capi della rivolta furono arrestati, i comandanti rimossi e l'unità disciolta. La XIII brigata fu ricostituita ad Albacete il 4 agosto 1937 con i battaglioni *Dabrowski e Palafox*, più il battaglione a maggioranza ungherese *Rakosi* dalla CL brigata; il comando fu affidato al comunista polacco Jan Barwinski; capo di stato maggiore e commissario politico rimanevano gli stessi ufficiali in carica fino a luglio; per effetto della maggioranza di volontari provenienti dalla Polonia la brigata assunse il nome del rivoluzionario dell'Ottocento Jaroslaw Dombrowski. Schierata sul settore di Belchite il 25 agosto gli uomini della *Dabrowski* andarono all'assalto del paese di Villanueva del Gállego, conquistandolo di slancio, ma giunti a soli 4 km da Saragozza vennero investiti da un contrattacco avversario e si ritrovarono sotto il fuoco dell'artiglieria su terreno scoperto. Dopo tre giorni di furiosi combattimenti la brigata fu costretta a ritirarsi; del battaglione *Dombrowski* si salvarono solo 200 uomini su 700, mentre il *Palafox* fu praticamente annientato; poco migliore la sorte del Rakosi, che lamentò la perdita di 231 uomini. L'11 ottobre i sopravvisuti furono lanciati nuovamente all'assalto in direzione di Fuentes de Ebro, ma a causa delle condizioni di debolezza e di logoramento dei reparti, l'azione si limitò al fiancheggiamento della XV Brigata Internazionale. La XIII brigata fu inviata a Binaced per riorganizzarsi, ricevendo un nuovo battaglione a maggioranza polacca denominato *Adam Mickiewicz*. Il 3 febbraio del 1938 la XIII brigata prese nuovamente posizione sul fronte dell'Estremadura per partecipare all'offensiva nelle Sierras Quemadas, pianificata per alleggerire la pressione sul fronte di Teruel. I primi giorni i combattimenti furono relativamente violenti, a partire dal 16 febbraio i repubblicani intensificarono gli assalti contro le trincee nemiche e le conquistarono a caro prezzo; durante gli scontri, condotti sotto una pioggia incessante e su un terreno aprissimo, la rotta repubblicana travolse i battaglioni *Palafox e Mickiewicz* che si ritirarono precipitosamente. Il 10 marzo tutte le unità della brigata furono trasferite sul fronte di Aragona, dove rimasero coinvolte nello sfondamento delle linee repubblicane nel settore di Belchite. La *retirada* si arrestò a Caspe, dove la brigata fu posta a difesa del passo della Sierra del Vizcuerno. A partire dal 17 marzo i battaglioni della *Dabrowski* sostennero coraggiosamente gli assalti nemici su Caspe, nonostante le tremende perdite subite. Ritirata dal fronte, senza tempo per riorganizzarsi, la brigata si diresse a Lérida e si schierò a difesa della strada per Monzón. L'ostinata resistenza dell'esercito repubblicano non impedì la caduta della città, tuttavia la XIII brigata si ritirò in buon ordine e attraversato il fiume Segre prese posizione a Vilanova de la Barca. Contestualmente alla repressione ordinata da Mosca nei confronti della leadership del partito comunista polacco, alla metà di aprile il colonnello Barwinski fu rilevato dal sovietico Mihail Kharchenko. Durante l'offensiva sull'Ebro la XIII brigata si trovava con il corpo d'avanguardia che il 25 luglio 1938 passò il fiume ad Ascó, avanzando fino a Venta de Camposines. Nei giorni seguenti l'unità fu schierata nel Vértice de Gaeta, per sostenere la pressione avversaria in quel settore, combattendo fino al 22 settembre, giorno in cui fu diramato l'ordine di ritiro dei volontari internazionali. Il 1º ottobre si formò una nuova XIII brigata, composta esclusivamente da reparti spagnoli, fino a quando, il 23 gennaio 1939 con i due battaglioni *Dombrowski e Rakosi*, formati dai volontari polacchi e ungheresi rimasti in Catalogna, fu ricostituita la XIII Brigata Internazionale. Il comando dell'unità fu affidato al polacco Henryk Torunczyk, rimpiazzato il 26 gennaio dall'ungherese Miklos Szalvay, nome di battaglia Capaiev, già comandante del battaglione *Edgar Andrè* nell'XI brigata. La nuova XIII brigata fu schierata a difesa a Cassà de la Selva, inquadrata nel raggruppamento Torunczyk; ma il 7 febbraio, constatata l'impossibilità di continuare la lotta, i superstiti attraversarono la frontiera al Perthus e ripararono in Francia.

Costituita come la precedente brigata nel dicembre del 1936 e inviata in gran fretta sul fronte dell'Andalusia agli ordini del generale Walter (il polacco Karol Swierczewski); poi, nel febbraio del 1937, il comando passò all'alsaziano Joseph Putz; capo di stato maggiore l'italiano Aldo Morandi – ovvero Riccardo Formica – e commissario politico il francese Henry Heusler.

La XIV fu inizialmente la più internazionale delle brigate, dove in pratica si concentrarono tutte le aliquote soprannumerarie delle nazionalità presenti ad Albacete prima della fine del 1936: il battaglione *La Marseillaise* comprendeva in massima parte francesi, eccetto la prima compagnia, composta alla partenza da Albacete da 145 britannici; il battaglione *Henry Barbusse* era in massima parte francofono, mentre nel *Vaillant Coturier* la prima compagnia era composta da tedeschi e le altre tre da francesi e belgi; infine il quarto battaglione, *Nueve Naciónes*, comprendeva polacchi, jugoslavi, bulgari, rumeni, ungheresi, francesi, belgi, italiani, tedeschi, cecoslovacchi, greci e albanesi.

Quest'ultimo battaglione era un'unità speciale, composta da una sola compagnia fucilieri e tre di mitraglieri.

La brigata fu duramente impegnata sul fronte di Andalusia, nei settori di Cordoba, Lopera e Andujar, dove fra la fine di dicembre e il gennaio successivo venne gravemente decimata. L'addestramento insufficiente

8º BATALLÓN TCHAPAIEF XIII INTERNACIÓNAL

▲ **Il battaglione Tchapaief** prendeva il nome da un personaggio di un film di propaganda sovietico, divenuto molto popolare fra i comunisti di tutta Europa all'inizio degli anni Trenta. Bandiera su fondo rosso con iscrizioni e frange in giallo; dimensioni cm.120x130 circa.

The battalion Tchapaief took its name from a soviet propaganda movie's character, very popular among the European communists. Flag red with yellow letters and fringes; dimension about cm. 120x130.

ricevuto, l'equipaggiamento scarso e la pessima scelta degli ufficiali provocarono seri problemi: il battaglione La *Marseillaise* perse il suo comandante al termine della prima azione di guerra, quando il maggiore Gaston Lasalle - accusato di codardia di fronte al nemico - fu inviato al plotone di esecuzione; la compagnia britannica perse in un solo giorno 78 uomini dopo essersi ritrovata sotto il fuoco incrociato del nemico; ancora meno fortunato il *Nueve Naciónes*, che alla fine di dicembre del 1936

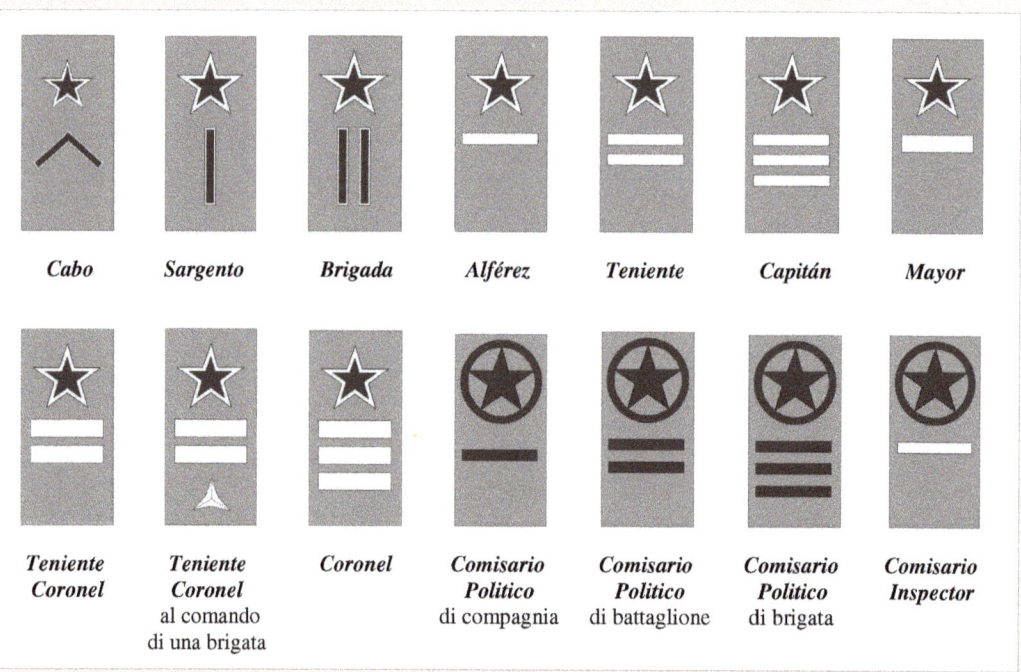

Distintivi di grado dell'Ejercito Popular introdotti dal novembre 1936 (mostre sulle maniche sopra i polsini, sul copricapo o sul petto).

Cabo	Sargento	Brigada	Alférez	Teniente	Capitán	Mayor

Teniente Coronel	Teniente Coronel al comando di una brigata	Coronel	Comisario Politico di compagnia	Comisario Politico di battaglione	Comisario Politico di brigata	Comisario Inspector

Note: fondo di panno kaki. Le stelle da Cabo a Brigada erano in filo rosso sottopannato di giallo; quelle da Alferez a Coronel erano di filo rosso listato di giallo-oro. Lo chevron di grado del cabo era di panno rosso sottopannato di bianco; le barrette per Sargento e Brigada di filo rosso sottopannato di giallo-oro; quelle dei gradi superiori tutte di filo giallo-oro. Le stelle e le barrette di grado dei commissari politici erano di filo rosso, mentre le barrette dei commissari ispettori di filo giallo-oro. Il comando di una brigata, affidato in certi casi anche ai maggiori, veniva indicato con una stella a tre punte di filo argentato; due stelle identificavano un comandante di divisione, tre un comandante di corpo d'armata.

▲ **Randolfo Pacciardi (1899-1991)**, comandante del battaglione *Garibaldi* e successivamente della XII brigata, indossa un giaccone impermeabile imbottito di pelliccia, simile ad altri distribuiti agli ufficiali delle prime unità interbrigatiste, e un *pasamontaña* kaki con l'insegna di grado di maggiore dell'esercito spagnolo, ma del tipo in uso fino al settembre del 1936. A differenza di altri esponenti antifascisti italiani in esilio, Pacciardi inizialmente non partecipò alla formazione di unità di volontari, perché contrario a operare alle dipendenze di uno stato maggiore straniero e solo nell'ottobre del 1936 aderì all'accordo costitutivo della **Legione Antifascista Italiana**, nata a Parigi sotto il patronato politico dei partiti socialista, comunista e repubblicano. Designato come comandante della Legione intitolata a Giuseppe Garibaldi, Pacciardi arrivò ad Albacete alla fine del mese, rimanendo alla guida del battaglione e poi della brigata fino al giugno del 1937. (Con la cortese autorizzazione dell'Istituto Storico Grossetano della Resistenza e dell'Età Contemporanea)

perse due terzi degli uomini in meno di tre giorni, travolto dall'offensiva nazionalista su Andujar e quindi venne disciolto.

A gennaio ciò che restava della brigata fu inviato a difesa della strada per La Coruña sul fronte di Madrid, combattendo al ponte di Guadarrama; il 10 gennaio, avanzando in una nebbia fittissima, il battaglione *Vaillant-Coturier* conquistò le trincee avversarie a Las Rozas, ma fu costretto a ritirarsi quando venne a mancare il sostegno dei corazzati.

Nel febbraio seguente il battaglione *La Marseillaise* cambiò il nome in *Ralph Fox*, in memoria dello scrittore inglese caduto in azione a Lopera, mentre tutta la brigata assunse il nome di *XIV Brigada Internacional La Marsellesa*. Trasferita nella valle dello Jarama, fino al 16 febbraio nessun battaglione della XIV fu impegnato in combattimento, poi da quella data la brigata andò all'assalto avanzando a cavallo della strada di Loeches, schierata fra l'XI e la XII brigata e riuscendo a guadagnare terreno dove altre brigate internazionali erano state respinte.

Alla fine del mese *la Marsillesa* attaccò le linee nazionaliste al Vertice de Pajares e a Casa del Guarda. A marzo il comando fu assunto dal francese Jules Dumont, Krieger – ovvero Vincenzo Bianco – rilevò Morandi come capo di stato maggiore e Marcel Renaud divenne commissario politico al posto di Heusler. A maggio la brigata cooperò all'offensiva su La Granja, contro il saliente di Toledo; l'obiettivo assegnato ai suoi battaglioni prevedeva l'assalto alle posizioni fortificate del Cerro del Puerco, nel settore della Cabeza Grande, contro le quali furono lanciati quattro attacchi in due giorni.

Alla fine di maggio Krieger fu sostituito come capo di stato maggiore dal francese Boris Guimpel. La XIV brigata rimase quasi inattiva durante la battaglia di Brunete, sfruttando il periodo di relativa tranquillità nel settore dell'Escorial per riorganizzarsi; l'organico, comprendente già i battaglioni *Ralph Fox*, *Henry Barbusse* e *Vaillant-Coturier*, fu aumentato con il battaglione *Commune de Paris*, trasferito dall'XI brigata internazionale, lo *Henry Vuillemin* dalla XIII, il *Six Fevrier* dalla XV, l'*André Marty* dalla CL e il *Pierre Brachet* di recente formazione; da questa data si caratterizzò definitivamente la connotazione francofona dell'unità.

Con queste forze la brigata prese parte il 16 ottobre all'assalto su La Cuesta de la Reina; i battaglioni *Commune de Paris*, *Henry Barbusse* e *Vaillant-Coturier* subirono un pesante contrattacco degli avversari, resistendo a costo di pesanti perdite fino al ritirata avvenuta il 19 ottobre.

La responsabilità del fallimento dell'attacco fu attribuita al comandante della brigata e questa accusa fece esplodere l'aspra polemica fra i dirigenti

▶ In primo piano tre volontari del battaglione a maggioranza tedesco *Edgar André*, XI Brigata Internazionale, ritratti nelle retrovie del fronte di Guadalajara, nella primavera del 1937. Le giacche blu scuro di vecchie *mono* – al centro – indossate sopra i pantaloni a *coulisse* dell'esercito regolare, si alternano con camice di varie tonalità di kaki o sabbia, secondo lo standard di abbigliamento caratteristico e vario delle unità internazionali. (Coll. Bundesarchiv, Zentralbild; 183-H28682)

Three members of the mainly German Edgar André battalion, Guadalajara front, spring 1937. The old mono jackets – centre – worn with coulisse trousers of the regular army are alternated with shirts of different shape of kaki or sand.

francesi e quelli sovietici della base di Albacete.

Di fronte alle perdite elevatissime subite, gli uomini si rifiutarono di continuare gli assalti; in seguito a ciò furono applicati drastici provvedimenti disciplinari, ma oltre 200 volontari disertarono prima della fine del mese. Durante l'autunno i resti della brigata furono inviati nelle retrovie per riorganizzarsi, quindi il 27 novembre fu ricostituita una nuova XIV brigata con i battaglioni *Six Fevrier*, *Henry Vuillemin* e *Pierre Brachet*, sempre agli ordini di Dumont.

L'esistenza di questa brigata, formalmente attiva senza che fosse stata disciolta quella precedente, ha generato una certa confusione, tanto che in molti testi si parla di una XIV brigata bis.

A febbraio, comunque, si tornò a parlare di una sola XIV brigata con la riunione dei battaglioni fino allora divisi in due unità. La brigata fu inviata sul fronte di Madrid e inquadrata nella 3a Divisione, I corpo d'armata, dell'*Ejercito del Centro*. Invitata in tutta fretta nel settore di Caspe agli ordini del colonnello francese Marcel Sagnier, a partire dal marzo 1938 la *Marsillesa* fu impegnata nei tentativi repubblicani di tamponare lo sfondamento del fronte di Aragona, difendendo dai violenti assalti nemici le linee sul fiume Guadalupe, per poi ritirarsi su Matarraña.

Le perdite in azione e le diserzioni ridussero intere unità a poche decine di combattenti: durante i combattimenti sul fiume Guadalupe il battaglione *Vaillant Coturier* perse in pochi giorni 370 uomini su 450 effettivi; il battaglione *Commune de Paris* era passato fra aprile e maggio da 440 uomini a 83 solamente.

Nel tentativo di costituire una linea difensiva, ciò che rimaneva della XIV brigata mescolata con i resti dell'XI, si trincerò a Cherta e fino al 18 aprile coprì la ritirata oltre l'Ebro dell'esercito repubblicano.

Ridotta a meno di un quarto della forza prevista e con intere compagnie annientate, la brigata fu riorganizzata fra maggio e giugno su quattro battaglioni, sciogliendo il *Pierre Brachet*, il *Ralph Fox*, il *Six Fevrier* e lo *Henry Vuillemin*; per completare l'organico si ricorse a una massiccia immissione di reclute spagnole. Inviata in prima linea per l'offensiva dell'Ebro, la brigata pagò un nuovo sanguinoso tributo: il 25 luglio nell'assalto delle posizioni avversarie ad Amposta, i battaglioni *Henry Barbusse*, *Commune de Paris* e *André Marty* persero in un solo giorno quasi 600 uomini; il *Vaillant-Coturier* oltrepassò il fiume nello stesso settore, ma alcune barche si rovesciarono e solo 45 uomini riuscirono a raggiungere la riva opposta, alcuni volontari annegarono e altri finirono dispersi.

Tuttavia la XIV brigata riscattò la sua fama di unità indisciplinata combattendo con grande accanimento all'interno della testa di ponte, infliggendo gravi perdite agli avversari; al momento del ritiro dal fronte dell'Ebro alla fine di settembre, del migliaio di uomini che avevano attraversato il fiume, la maggioranza era caduta in combattimento oppure si trovava in ospedale e solo un centinaio era in grado di continuare combattere.

Per il valore dimostrato sull'Ebro, il battaglione *Commune de Paris* ricevette la medaglia d'oro. La brigata sostenne gli ultimi combattimenti nel settembre 1938 al Vértice de Gaeta. Nell'ottobre del 1938 un gruppo di francesi e belgi della *Marsillesa* si aggregò agli italiani della ricostituita XII Brigata Internazionale per tentare un'estrema resistenza in Catalogna.

XV Brigada Internaciónal

Il 31 gennaio del 1937 veniva formata a Mahora la XV Brigata Internazionale, composta dai battaglioni a maggioranza anglofoni *Saklatvala e Lincoln*, quelli franco-ispanoamericani-slavi *Six Fevrier, Español e Dimitrov* e lo spagnolo *Galindo*. Il comando dell'unità fu affidato all'ungherese Janosz Galicz, detto 'Gal'; il britannico George Nathan fu il primo capo di stato maggiore e lo jugoslavo Vladimir Čopic commissario politico. Il completamento degli organici risultò particolarmente laborioso e non tutti i battaglioni raggiunsero l'organico prefissato, anche a causa di piccoli inconvenienti dovuti alla incompatibilità delle nazionalità presenti; fra tutti il caso degli irlandesi della compagnia Connolly, che non gradivano di combattere in un'unità comandata da ufficiali inglesi e per questo furono assegnati al battaglione *Lincoln*. Il croato Čopic sostituì Gal alla vigilia della battaglia di Jarama e al suo posto subentrò il francese Barthel. Schierata sul fianco sinistro della linea difensiva repubblicana, la brigata sostenne il primo scontro l'11 febbraio 1937, a cavallo della strada da Morata a San Martín de la Vega, nella valle dello Jarama. Il battaglione britannico *Saklatvala*, che schierava 3 compagnie fucilieri e 1 di mitraglieri per 470 uomini complessivi, fu inviato a difesa di una collina divenuta poi nota come 'suicide hill' e dopo due giorni di intensi combattimenti rimase con solo 160

▲ Un gruppo di volontari dell'XI brigata, fotografati in un ospedale di Barcellona ai primi del 1937, reduci dalla difesa di Madrid. Il servizio sanitario delle Brigate Internazionali era sorto nell'ottobre del 1936, composto inizialmente da soli sei medici, ai quali si aggiunsero studenti, infermiere volontarie e infine autentici luminari di fama mondiale. Sotto la direzione del comando delle brigate, furono allestiti ospedali ad Albacete e a Murcia e già nel dicembre 1936 era in funzione un servizio di trasfusioni a Madrid, facente capo allo specialista canadese Norman Bethune. L'aiuto più significativo fu raccolto negli USA a partire dall'ottobre del 1936, con il contributo di un gruppo di attori di Hollywood e di alcuni presidi universitari. Sotto la presidenza di Walter Cannon della Harvard Medical School, venne fondato l'American Medical Bureau to Aid Spanish Democracy e a partire dal gennaio seguente sbarcarono in Spagna 117 tra infermieri e medici; con questo contributo furono allestiti nelle retrovie centri sanitari attrezzati che salvarono la vita a centinaia di soldati. In convalescenza i volontari internazionali venivano inviati nei centri balneari di Cartegena e di Barcellona, mentre alcuni fra i feriti più gravi furono curati in Unione Sovietica. Il bulgaro Oskar Telge - pseudonimo di Tsevetan Kristanov - capo del Servizio Sanitario delle Brigate Internazionali, alla fine del 1937 quantificava il personale e le attrezzature del centro in 212 medici, 550 infermieri, 600 portaferiti, 5.600 letti, 13 equipe chirurgiche, 120 ambulanze e 30-40 camionette, 128 motociclette e biciclette. (Archivio dell'Istituto di Storia Contemporanea di Zurigo).

uomini in grado di combattere. Meno alte, ma comunque rilevanti, le perdite subite dal *Six Fevrier*, mentre i battaglioni *Dimitrov e Español* mantennero le posizioni con relativamente pochi danni. La battaglia infuriò ancora per tre settimane e coinvolse tutte le unità della brigata: il battaglione *Lincoln*, fino ad allora rimasto in riserva, ricevette il 19 febbraio l'ordine di assaltare le trincee nemiche sul Pingarron - una collina brulla e priva di vegetazione che dominava la valle - e contro questo obiettivo, nonostante l'ammirevole coraggio dimostrato dai giovani volontari americani, gli sforzi si ripeterono senza successo il 23 e il 27 febbraio. Alla fine della battaglia nessuno dei battaglioni schierava più di 200 uomini. Rimasta a difesa delle postazioni nella valle dello Jarama fino alla fine di maggio, la brigata, alla quale si era aggiunto il neo costituito battaglione *Washington*, partecipò ai combattimenti di Morata de Tajuña, di Garabitas e alla conquisa di Argés, dove gli uomini del *Dimitrov* si distinsero durante l'assalto decisivo. A giugno tutti i battaglioni furono inviati nelle retrovie per un periodo di riposo, quindi il 5 luglio la brigata andò all'assalto dei villaggi di Brunete e di Villanueva de la Cañada, conquistando quest'ultima località assieme agli uomini della XIII brigata. Il giorno seguente cadde anche Brunete, espugnata dopo un aspro combattimento nel quale rimasero uccisi anche molti civili, usati come scudi umani dai nazionalisti in fuga. Anche stavolta il bilancio delle perdite fu elevato; in cinque mesi di operazioni al fronte la brigata aveva perduto 1.259 uomini fra morti e feriti; i battaglioni *Lincoln e Washington* erano ridotti a meno della metà della forza organica originaria Inviata a Tajuna per riorganizzarsi, l'unità fu strutturata su quattro battaglioni amalgamando lo *Washington* con il *Lincoln* e ricevendo alla metà di luglio un nuovo battaglione a maggioranza canadese, il *Mackenzie-Papineau*, formato da quattro compagnie fucilieri più una compagnia mitraglieri; il battaglione *Six Fevrier* fu invece trasferito alla XIV brigata, seguito a settembre dal *Dimitrov*, che andò a formare la CXXIX. Durante la battaglia di Belchite la brigata partecipò alla conquista di Quinto, andando all'assalto del Cerro Pulburell fra il 24 e il 26 agosto 1937, facendo molti prigionieri, quindi rimase a difesa della cittadina aragonese da dove, a metà settembre, raggiunse il settore di Albalete. L'11 ottobre la XV brigata fu lanciata all'assalto di Fuentes de Ebro con i battaglioni *Mac-Pap e Español* in testa, quindi alla fine del mese fu ritirata e inviata nelle retrovie a Mondéjar, dove avvennero alcuni avvicendamenti riguardanti lo stato maggiore e il commissariato politico, affidati allo statunitense Robert Merriman

e al suo connazionale Steve Nelson. Nel corso dell'offensiva nazionalista su Teruel, la brigata fu inquadrata nella 35a divisione, V corpo d'armata, dell' *Ejercito de Maniobra*, partecipando in dicembre alla difesa del settore dell'Alfambra, poi alla metà di gennaio 1938 si schierò in tutta fretta a La Muela, dove resistette fino alla caduta di Teruel. Nel marzo seguente i battaglioni della XV furono dislocati nel settore di Belchite, proprio nel punto in cui si concentrò l'offensiva nazionalista in Aragona. Sotto un intenso bombardamento ed esposti a continui assalti, gli uomini della XV brigata ripiegarono su Caspe, formando la retroguardia dell'esercito repubblicano e rischiando più di una volta di rimanere accerchiati. Il 30 marzo la ritirata si arrestò e l'esausta XV brigata fu inviata a difesa del paese di Calaceite. ma anche qui la lotta fu durissima, i quattro battaglioni si ridussero tutti assieme a una forza di appena 600 uomini; il battaglione britannico perse un'intera compagnia, arresasi dopo essere stata circondata dai carri del Corpo Truppe Volontarie italiano. Il 2 aprile arrivò l'ordine di ritirata su Gandesa e infine quello di passare sulla riva sinistra dell'Ebro. La brigata, ricostituita reintegrando i volontari convalescenti, amalgamando il battaglione *Español* con il *Lincoln* e completata con reclute catalane, oltrepassò il 25 luglio il fiume nei pressi di Ascò e partecipò alla conquista di importanti obiettivi; quindi diresse la sua avanzata verso Corbera partecipando ai sanguinosi assalti contro il Puig del Aguila, la famigerata quota della morte. Il 27 luglio il battaglione britannico, appoggiato dal *Mackenzie-Papineau*, riuscì a espugnare le postazioni avanzate nemiche; il

giorno seguente il *Lincoln* proseguì l'attacco registrando altri progressi, quindi il 29 luglio di nuovo i battaglioni *Británico* e *Mac-Pap* assalirono le linee nemiche su un fianco, superando un ripido burrone denominato el barranco d'en Pon. Al termine di aspri combattimenti il 1° agosto *la cota de la muerte* fu finalmente conquistata. Cinque giorni dopo la brigata venne ritirata dal fronte, ma due settimane più tardi fu richiamata d'urgenza e schierata a difesa del paese di Pandols, dove il battaglione *Lincoln* respinse i violenti assalti nemici alla quota 666. Il 6 settembre i decimati battaglioni della brigata furono dislocati a La Venta de Camposines, nel punto in cui si stava concentrando l'offensiva nazionalista e dove per quattro volte le trincee di quota 343 cambiarono possesso. Gli ultimi combattimenti avvennero a sud di Gandesa, quando dal 21 al 23 settembre la brigata fu sottoposta al bombardamento dell'artiglieria e dell'aviazione nemiche. Il 22 settembre l'ordine di ritiro dei volontari internazionale raggiunse la XV brigata, che però rimase ancora un giorno a difesa della trincee di quota 281.

LXXXVI Brigada Internaciónal

L'esigenza di nuove truppe al fronte durante la battaglia di Guadalajara portò alla formazione di questa brigata, la quale, nonostante fosse considerata internazionale, era a tutti gli effetti una brigata mista dell'esercito repubblicano, alla quale fu aggregato il battaglione internazionale *Veinte*. Questa unità era stata formata ad Albacete nella primavera del 1937 con due

◄ **Volontari del battaglione Dimitrov**, inquadrato nella XV brigata e successivamente nella CXXIX, fotografati nel settembre del 1937, indossano un'ampia gamma di uniformi che va dalla tuta mono alla giacca di pelle doppiopetto stile tabardo. Tutti i volontari hanno elmetti tipo Adrian dipinti di grigio chiaro e buffetterie di cuoio marrone di fabbricazione locale. Il battaglione era composto in maggioranza da bulgari, rumeni, polacchi e cecoslovacchi, compresa una compagnia italiana. (Archivio dell'autore)

▼ Alcuni volontari dell'XI Brigata Internazionale, probabilmente del battaglione *Edgar Andrè*, ritratti durante i combattimenti nella città universitaria di Madrid, nel dicembre 1936, mostrano la grande varietà di equipaggiamenti consegnati alla brigata, frettolosamente costituita ai primi di ottobre. A proposito delle uniformi un volontario riferì che alla base delle brigate ad Albacete si potevano trovare capi di abbigliamento di una dozzina di eserciti stranieri, mescolati ad altri di provenienza spagnola o di tipo civile.
(Archivio dell'autore)

Foreign volunteers, possibly of Edgar André battalion, in a street, fighting in the University City of Madrid, December 1936, show the great variety of equipments and clothing of the first international units, where – as related by a witness - it was possible to find a dozen armies mixed with civilian garments.

compagnie fucilieri e una mitraglieri, composte da britannici, americani, francesi, bulgari e jugoslavi. Il comando della brigata venne affidato ad Aldo Morandi, commissario politico era il giovane comunista americano John Gates. Nel marzo 1937 venne inquadrata assieme a due brigate spagnole nella 63a divisione dell'VIII corpo d'armata sul fronte dell'Estremadura, rimanendovi fino a dicembre. Nel gennaio del 1938 il battaglione internazionale fu scisso per costituire tre nuove unità, ma la scarsità di reclute rese impossibile il progetto e così tutti gli stranieri furono assegnati alla XIII, XIV e XV brigata internazionale.

CL Brigada Internaciónal

Formata ad Albacete il 27 maggio del 1937 con il battaglione a maggioranza ungherese *Rákosi Mátyás*, quello jugoslavo *Djure Djakovich*, il *Dabrowski* e - dalla fine di giugno - l'*André Marty*, la brigata ebbe vita breve, in quanto pochi mesi dopo fu disciolta e i battaglioni ripartiti fra la XIII, la XV, la CXXIX e la XIV brigata in corso di riorganizzazione. Mentre si trovavano inquadrati nella CL brigata, tutti e quattro i battaglioni parteciparono alla battaglia di Brunete, rimanendo in quel settore fino allo scioglimento dell'unità avvenuto ai primi di agosto del 1937.

CXXIX Brigada Internaciónal

Il 13 febbraio 1938 fu costituita a Chillón l'ultima brigata internazionale, denominata *40 Naciónes*, a causa della grande varietà di nazionalità dei volontari, sebbene fosse costituita prevalentemente da polacchi, cecoslovacchi e jugoslavi. Il comando fu affidato al polacco Wacek Komar, già veterano del battaglione *Dabrowski*, commissario politico e capo di stato maggiore gli spagnoli Lorenzo Gonzales del Campo e il maggiore delle milizia Massanés. L'unità entrò in linea schierando il battaglione *Dimitrov* proveniente dalla XV brigata, più il *Djure Djakovich* con il *Mazarik* di recente formazione e inviata sul fronte di Andalusia, nel settore di Castuera, per essere precipitosamente richiamata ai primi di marzo sul fronte del Levante, in Aragona, in seguito all'offensiva dei nazionalisti. Agli ordini del maggiore della milizia Mora, la brigata si trincerò fra El Ventorillo e Morella, dove sostenne valorosamente gli assalti nemici dal 25 marzo al 4 aprile, quindi formò la retroguardia dell'armata repubblicana e pur subendo molte perdite riuscì a ripiegare in buon ordine fino a San Mateo. Riorganizzata

completando gli organici con reclute spagnole, la CXXIX formò assieme ad altre due brigate repubblicane la *39 Division* del XVI corpo d'armata, combattendo da giugno a luglio 1938 nella Sierra de Javalambre. Al termine dei combattimenti de l'Alto del Buitre e del forte di San Cristóbal, tutti e tre i battaglioni furono decorati con la medaglia al valore. Non potendo essere riunita con le altre unità internazionali schierate in Catalogna, la brigata rimase nel settore meridionale del fronte e i combattenti stranieri furono ritirati dalla prima linea solo a partire dal 16 ottobre. Una parte dei volontari smobilitati si concentrò a Valencia, da dove raggiunse la Catalogna via mare e nel gennaio del 1939 cercò di riformare una brigata internazionale agli ordini del comandante ceco Pavel. Dopo un periodo trascorso a difesa di Vich, i volontari raggiunsero Llagostera per coprire la ritirata repubblicana e da qui passarono la frontiera francese alla metà di febbraio del 1939.

BILANCIO

Il problema dei numeri delle Brigate Internazionali probabilmente non sarà mai risolto, ma potendo escludere le cifre palesemente esagerate che la propaganda di Franco fece circolare nel dopoguerra - citando 120.000 'sovversivi stranieri' - la forchetta più ragionevole collocherebbe gli interbrigatisti attorno a 36.000 uomini, non compresi coloro che prestarono servizio al di fuori dei reparti combattenti, come autisti e medici, o le ragazze che si arruolarono come infermiere.

Al tempo della battaglia di Madrid, le prime due brigate internazionali totalizzavano in tutto circa 3.500 effettivi e con ogni probabilità alla fine di novembre del 1936 erano arrivati in Spagna fra i 6.000 e gli 8.000 volontari. Uno dei dirigenti delle brigate, il francese Vital Gayman, stimava che alla fine di luglio del 1937 fossero transitati dalla base di Albacete almeno 24.000 uomini. Secondo un altro comandante internazionale, il tedesco Zeissler - alias *General Gomez* - tra il novembre e l'aprile del 1938 sarebbero passati da Albacete diretti al fronte quasi 52.000 volontari: di cui 18.714 dal novembre 1936 al marzo 1937; altri 6.017 dall'aprile al luglio 1937; 7.781 da agosto all'ottobre 1937; 19.472 dal novembre 1937 all'aprile del 1938. Questi numeri però non ci dicono se si trattava soltanto di reclute straniere e nemmeno se nel calcolo erano compresi i volontari feriti, registrati alla base almeno due volte. Solo dopo l'apertura degli archivi moscoviti del Comintern è stato possibile formare un quadro più preciso della partecipazione straniera e ottenere un riscontro oggettivo sulla consistenza degli organici nei 24 mesi di attività delle Brigate Internazionali. Secondo i dati raccolti a Mosca il totale degli interbrigatisti sarebbe stato di 31.237 volontari. In questa cifra sarebbero compresi tutti i volontari giunti dall'estero alla base di Albacete e successivamente di Barcellona dall'agosto 1936 al settembre 1938, ma purtroppo questa cifra è poco chiara riguardo coloro che aderirono alle brigate ma si trovavano in Spagna già prima della loro creazione; inoltre in questa cifra non sarebbero compresi i circa 4.000 fra funzionari, membri del commissariato e altro personale di servizio della base delle brigate. Anche dopo che i nuovi riscontri erano venuti alla luce, persistevano dubbi riguardo la provenienza effettiva dei volontari. Alla metà degli anni novanta lo storico statunitense Michael W. Jackson analizzò nel suo saggio *Fallen Sparrows, the International Brigades in the Spanish Civil War* tutte le cifre riguardanti il totale degli interbrigatisti, la loro provenienza, il tasso di perdite, la loro età e ideologia di appartenenza, concludendo che ogni stima sul numero delle nazionalità coinvolte doveva essere presa con una generosa approssimazione. Come lo stesso Jackson sottolineava, a rendere difficile ogni stima hanno concorso sia la presenza dei volontari stranieri inquadrati nella milizia, sia quella di chi - come gli ispano-americani e gli oriundi - venne inquadrato nell'esercito repubblicano e quindi si confuse

▲ **Marcel Sagnier** (a sinistra) e **Boris Guimpel** (a destra), rispettivamente comandante di brigata e capo di stato maggiore della XIV brigata la Marsellesa, fotografati nell'autunno del 1937. Sagnier veste con l'uniforme regolamentare da maggiore dell'esercito repubblicano. Anche Guimpel porta i gradi di maggiore ma indossa una tenuta fuori ordinanza, composta da una giacca tipo sahariana, pantaloni larghi e scarpe con ghette alte di cuoio, simili a quelle modello 1917 dell'esercito USA. Sagnier fu poi promosso al grado di colonnello e guidò la brigata fino al marzo del 1938, quando rimase vittima di un incidente automobilistico. Guimpel, un architetto di origine russa, divenne in seguito uno dei capi della resistenza nel sud della Francia (Archivio dell'autore)

▼ Un'altra delle insegne usate dai volontari polacchi prima della costituzione delle Brigate Internazionali. Fondo rosso e iscrizioni in giallo. Questa bandiera fu portata dai membri della formazione sorta a Barcellona fra l'agosto e il settembre del 1936 e aggregata alla Centuria Sozzi.

hijos del pueblo

batallón Dombrowsky

◀ Soldati della XII brigata in una trincea nel settore di Brunete, giugno 1937. Notare l'ampia gamma di elmetti - spagnolo modello 1926, **Adrian** e cecoslovacco modello 1930 – e di copricapo - **pasamontaña e gorra** di lana - a testimonianza dell'informalità esistente nelle brigate internazionali e delle difficoltà logistiche dell'esercito repubblicano. (Archivio dell'autore)

XII Brigade soldiers in a trench in the field of Brunete, June 1937. Note the wide range of helmets - Spanish Model 1926, Adrian and Czech model 1930 - and cap - pasamontaña and wool gorra - a testimony of informality exists in the international brigades and the logistical difficulties of the Republican army.

▼ Fucile mitragliatrice Schmeisser MP28 9 mm Naranjero. Costruito su licenza a Valencia nelle officine di Alberique – da cui il curioso nome assegnato - fu uno dei fucili d'assalto più popolari nelle formazioni della milizia, specie quella della CNT-FAI. Tutte le parti metalliche in acciaio scuro; calcio in legno scuro verniciato. Lunghezza cm.82, peso a vuoto 4 kg.

9mm machine gun Schmeisser MP28 Naranjero. Built under license in Valencia in the workshops of Alberique - hence the curious name given - was one of the most popular assault rifles in the training of the militia, especially that of the CNT-FAI. All metal parts in steel, dark brown painted wooden stock. Cm.82 length, empty weight of 4 kg.

con le altre reclute spagnole. Altri problemi nascono dal confronto dei dati registrati dopo il settembre del 1938 nei campi di raccolta, dove il numero di certe nazionalità diminuisce considerevolmente, in special modo i tedeschi, gli italiani e i volontari dell'Europa orientale. Ciò potrebbe essere l'effetto di una comprensibile reticenza a farsi identificare, per timore di essere estradati nei loro paesi di origine, o comunque un tentativo per rendere difficile l'identificazione da parte della polizia politica. La scarsità di fonti rende complicato stabilire la nazionalità di molti volontari, specie quelli provenienti da paesi meta di immigrazione multinazionale, come la Francia, il Canada e gli Stati Uniti. La maggior parte dei volontari ha lasciato poche tracce della loro attività nel corso della guerra, se non quella del ferimento o della morte in combattimento; tuttavia il contingente USA rappresenta per molti versi un campione caratteristico, sia perché si trattava del gruppo che comprendeva un alto numero di studenti universitari e insegnanti, riguardo i quali si conoscono molti dettagli, sia perché attraverso la peculiare composizione etnica si comprendono bene quali fossero le variabili delle nazionalità all'interno delle brigate. Grazie al lavoro dell'*Abraham Lincoln Brigade Archives* è possibile ricostruire l'origine e talvolta la provenienza certa dei 2.632 volontari censiti. Sulla base di un campione di 400 nominativi - pari quindi a circa 15% del totale - si evince che 249 volontari erano anglosassoni o afroamericani e con ogni probabilità statunitensi da oltre una generazione. Di altri 151 volontari si può parlare invece di emigranti o di figli di emigranti; fra questi ultimi è decisamente alta la presenza degli italoamericani – 39 nominativi – e degli ispanici – 29 – seguiti da 12 greci, quindi 9 tedeschi, 5 finlandesi, 4 polacchi, due ciascuno ungheresi, lettoni, estoni, cinesi e ucraini; altri 18 nominativi appartengono a singole nazionalità, fra cui un giapponese, mentre altri 34 non sono determinabili, ma con ogni probabilità si tratta di americani di recente immigrazione. Almeno 43 volontari, di cui 15 nati negli USA, sono chiaramente di origine ebraica. Una volta arrivati in Spagna, i volontari non anglosassoni con ogni probabilità optavano per ricongiungersi ai loro connazionali, per cui alcuni degli italoamericani finirono inquadrati nella brigata *Garibaldi*, mentre i polacchi si ricongiunsero con i loro connazionali nella *Dabrowski*; viceversa i finlandesi giunti dagli Stati Uniti andarono a costituire la sezione finnica nella compagnia mitraglieri del battaglione canadese *Mackenzie-Papineau*, complicando ulteriormente il computo delle nazionalità. Un'altra variante che contribuisce a rendere nebulosa la questione è rappresentata da quei volontari, specialmente ebrei americani, che avevano cambiato nome, come fece il volontario John Victor Murra, ovvero Isaac Lipschitz, nato nel 1916 in Ucraina, ma diventato cittadino USA nel 1933.

Altrettanto vaghe restano anche le stime delle perdite subite dalle Brigate Internazionali - calcolate in 9.934 morti e 7.686 feriti - soprattutto riguardo le sensibili differenze esistenti fra le diverse nazionalità; per cui di fronte agli oltre 2.000 caduti germanici e austriaci su circa 5.000 volontari complessivi, i francesi e gli italiani sembrerebbero i contingenti con la percentuale di perdite più bassa, rispettivamente 1.003 morti su 8.500 combattenti e 662 su oltre 3.000, ma quest'ultimi con una percentuale di feriti elevatissima, pari al 62% della forza schierata. Il rapporto stilato dalla Società delle Nazioni nei campi profughi francesi nel gennaio 1939 fornì la cifra di 12.673 interbrigatisti, dei quali 3.160 ricoverati in ospedale. Altre fonti affermano che dopo lo scioglimento delle Brigate Internazionali solo 4.640 uomini avessero lasciato la Spagna e che nel gennaio del 1939 fra

5 e 6.000 volontari stranieri fossero rimasti nell'esercito repubblicano, continuando a battersi durante la disperata resistenza in Catalogna fino al febbraio seguente. Nel dicembre del 1938 il comitato di soccorso per i prigionieri

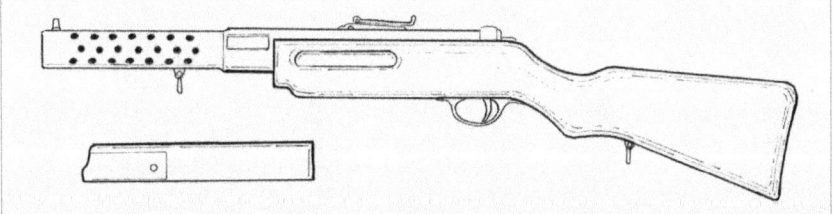

▲ **Nino Nanetti (1906-1937)** assieme ad Aldo Morandi fu l'unico italiano ad ottenere il comando di una divisione dell'esercito repubblicano ma, a differenza del suo connazionale, non fece mai parte delle Brigate Internazionali e la sua militanza nella guerra di Spagna avvenne interamente all'interno delle formazioni della milizia e in seguito in quelle dell'esercito popolare. Dal dicembre del 1936 Nanetti guidò la 35a brigata mista e quindi la 12a divisione spagnola durante la battaglia di Guadalajara; successivamente fu al comando di una divisione nei Paesi Baschi. Nanetti morì in seguito a una ferita ricevuta alla difesa di Santander nel luglio del 1937. Altri italiani operarono al di fuori delle formazioni internazionali nelle unità dell'esercito spagnolo, nell'aviazione e nella marina; altri ancora prestarono servizio nell'industria di guerra, nella sanità, nei trasporti e come interpreti.
(Archivio dell'autore)

della guerra civile spagnola pubblicò in Francia un 'libro bianco' completato nel 1939 con un'appendice. Il comitato, al quale riuscì di ottenere la liberazione di 100 volontari britannici, 95 francesi, 85 canadesi e 11 svizzeri, sosteneva che nel febbraio del 1939 rimanevano in Spagna prigionieri dei nazionalisti 286 volontari delle Brigate Internazionali, ovvero: 124 tedeschi e austriaci; 32 francesi; 28 polacchi; 25 italiani; 16 statunitensi; 14 svedesi; 12 norvegesi; 9 cecoslovacchi; 9 danesi; 5 jugoslavi; 4 estoni; 3 argentini; 1 bulgaro; 1 cinese; 1 cubano; 1 rumeno; 1 messicano. Il primo nome della lista era quello del capitano francese Agard, già comandante di una batteria di artiglieria internazionale della 35a divisione. Nessuno di questi prigionieri fu liberato e la loro sorte è rimasta in molti casi sconosciuta.

Per quanto riguarda il quadro sociologico dei volontari delle brigate circa la loro età, professione e fede politica, può essere utile confrontare i dati relativi al contingente francese, che fra l'altro fu il più numeroso.

Secondo le ricerche effettuate su un campione di oltre 9.000 volontari, più della metà erano giovani fra i 26 e i 34 anni di età, in maggioranza non sposati e appartenenti alle classi dei lavoratori salariati, con netta prevalenza degli operai. Rispetto alle altre professioni contadini e operai rappresentavano il 65% del totale, ai quali si sommava un 17% di artigiani e altri lavoratori autonomi. Politicamente almeno due terzi erano comunisti o si proclamavano tali e questa è sicuramente una delle proporzioni più alte di tutti i contingenti internazionali assieme a quella britannica e polacca. Fra i semplici combattenti il 52% era iscritto al PCF e la percentuale cresceva al 68% fra i sottufficiali e al 79% fra gli ufficiali inferiori. Fra i comandanti di compagnia e i commissari politici l'appartenenza al partito comunista sembrerebbe un requisito pressoché obbligatorio. Decisamente in controtendenza le percentuali relative ai volontari italiani, che secondo Pietro Ramella sarebbero stati per il 38,3% comunisti, 9,7% gli anarchici, 6,6% socialisti, 1,6% repubblicani, 1,2% di *Giustizia e Libertà* e per il 42,6% di appartenenza politica sconosciuta. A conti fatti, pertanto, la presenza dei comunisti non sembrerebbe così predominante e confermerebbe come quasi la metà dei volontari delle brigate internazionali fosse accorsa in Spagna per motivi diversi dall'obbedienza alla disciplina di partito. E' altrettanto significativo che fra i volontari giunti dagli USA, dove pure il locale partito comunista agiva da principale promotore per l'afflusso di uomini, i comunisti di stretta osservanza non rappresentavano la maggioranza. Certamente questo era anche la diretta conseguenza del relativo consenso che il marxismo-leninismo esercitava oltre atlantico, ma tuttavia conferma che le motivazioni che spingevano ad arruolarsi fossero le più varie e che in genere era l'avversione verso il fascismo il collante che univa la maggior parte dei volontari. Alcuni storici hanno insistito molto sull'equazione: volontario internazionale giovane e disoccupato, sostenendo cioè che la partecipazione alla guerra civile fosse stata

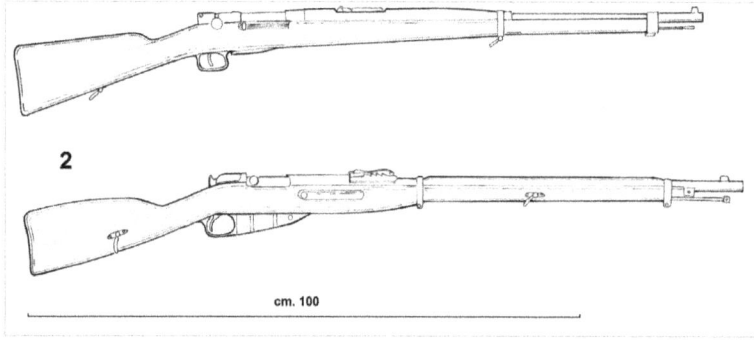

2

cm. 100

◄ Fucile **Mauser** (Mauser español), 7 mm. M1893. Costruito su licenza in Spagna era il fucile regolamentare dell'esercito spagnolo dal 1893 e continuò a essere uno dei più comuni durante la guerra civile, impiegato da entrambi gli schieramenti. Tutte le parti metalliche in acciaio scuro; calcio in legno naturale verniciato. Lunghezza cm.124,44; peso senza baionetta kg.3,99. La baionetta, con manico e guardamano completi, misura cm. 30,48.

◄◄ Fucile **Mosin-NagantMexicansky** 7.62 mm. M1891. Copia realizzata negli Stati Uniti dal 1914 del fucile per la fanteria imperiale russa, arrivò poi in Spagna via Messico, da cui il nome che lo rese popolare; fu distribuito in gran numero nelle brigate internazionali a partire dal gennaio del 1937 e impiegato fino al termine del conflitto. Si trattava di un arma efficace e di relativa facilità di manutenzione, tuttavia era un fucile fra i più pesanti - kg. 4,28 - e più ingombranti, cm.130,06 che con la baionetta raggiungeva cm. 173. Il Mexicansky si differenziava dal modello originale per il colore del legno molto scuro.

▶ **L'altavoz del frente**, le famigerate camionette con altoparlanti usate frequentemente nell'esercito repubblicano per incitare i combattenti e diffondere proclami. Spettava ai commissari politici dei reparti il compito di parlare al microfono, ma in genere questo incarico risultava poco gradito, in quanto gli avversari tendevano a dirigere il tiro dell'artiglieria nella direzione da cui proveniva la voce. Tuttavia a Guadalajara gli altoparlanti del battaglione Garibaldi esercitarono un influsso non trascurabile sul morale del Corpo Truppe Volontarie, come riferirono alcuni soldati prigionieri, i quali - quando sentirono che di fronte a loro c'erano altri italiani - si sentirono letteralmente cadere le braccia. (Archivio dell'autore)

▼ **Aldo Morandi, alias Riccardo Formica (1896-1975)**, fu uno dei volontari italiani a raggiungere i gradi più elevati nell'Ejército Popular, ottenendo il comando della 63a divisione sul fronte di Aragona nell'ottobre del 1937, dopo aver rivestito l'incarico di istruttore del battaglione reclute, di capo di stato maggiore e comandante nelle Brigate Internazionali. Morandi indossa una giacca cazadora corta sopra l'uniforme regolamentare dell'esercito repubblicano e in testa porta un isabellino completo di nappina di lana rossa, il tipico copricapo da fatica dell'esercito spagnolo, con il distintivo di tenente colonnello. I pantaloni da cavalleria erano molto popolari fra gli ufficiali e potevano essere di tutte le sfumature del marrone e del kaki. (Archivio dell'autore)

un'opzione scelta in maggioranza da chi non aveva un lavoro o una famiglia da mantenere. A parte le dichiarazioni degne di fede di protagonisti come Randolfo Pacciardi - il quale scrisse che nella brigata *Garibaldi* non c'erano sbarbatelli, ma uomini maturi che avevano lasciato una famiglia e un'occupazione – le analisi più recenti dimostrano che la maggior parte dei volontari aveva un'età compresa fra 26 e 35 anni e per circa due terzi occupati stabilmente. Tornando alle analisi eseguite sui volontari USA, solo il 25% si trovava senza lavoro al momento di arruolarsi, mentre per il 30% si trattava di insegnanti e studenti universitari, cosa che con ogni probabilità rende gli americani il contingente più giovane delle Brigate Internazionali, con quasi il 70% dei componenti fra 20 e 29 anni.

La sorte di coloro che tornarono è stata differente a seconda del paese di origine e del ruolo ricoperto nelle brigate, ma in genere i volontari stranieri della guerra civile dovettero affrontare molti problemi una volta abbandonata la Spagna. A parte i pochi che ricoprirono ruoli importanti nel secondo dopoguerra, come Karol Swierczewski, molti fra gli ufficiali e i funzionari riparati in Unione Sovietica dovettero accontentarsi di incarichi di secondo piano, come accadde a Francesco Leone, mentre altri scomparvero vittime delle purghe staliniane, vedi i casi di Manfred Stern e Vladimir Čopic. Per la maggior parte dei volontari che non poteva rientrare nei paesi di origine iniziò una lunga e difficile odissea, che in molti casi si concluse nei campi di concentramento nazisti; altri caddero combattendo nelle file della resistenza in Francia o in Italia; i più fortunati assistettero alla sconfitta del nazi-fascismo e tornarono infine nei loro paesi, dove in molti casi li attendeva un futuro non privo di ombre. Ma anche quelli che poterono tornare liberamente alle loro case alla fine della guerra dovettero affrontare non poche contrarietà. I volontari statunitensi finirono sotto stretta sorveglianza della FBI e in molti subirono vessazioni durante il maccartismo. Per effetto di una legge delle Confederazione Elvetica, che proibiva il servizio militare all'estero, furono pronunciate a carico di ex combattenti in Spagna 420 sentenze di condanna, scontate con la detenzione fino a quattro anni: una vera beffa per i cittadini di un paese che per secoli aveva fornito soldati a tutta Europa. Solo nel 2002, dopo numerosi tentativi andati a vuoto, il parlamento svizzero votò l'amnistia e la cancellazione del reato per i volontari ancora in vita. In Francia l'equiparazione dei volontari della guerra civile al rango dei veterani della resistenza divenne legge dello stato soltanto nel 1996, dopo che altre petizioni erano state respinte negli anni precedenti. In quello stesso anno il parlamento di Madrid onorava la promessa fatta 58 anni prima dal governo repubblicano, quando - disciolte le Brigate Internazionali - aveva dichiarato che al termine della guerra i volontari stranieri che avessero fatto richiesta della cittadinanza spagnola l'avrebbero ottenuta e che per la Spagna sarebbe stato un onore averli come concittadini.

Mappa delle basi e delle operazioni delle Brigate Internazionali (disegno di Joel Bellviure)

▼ Un gruppo di volontari italiani delle Brigate Internazionali nel campo profughi francese di Gurs. Nel dicembre del 1938 la Lega delle Nazioni registrò nei vari campi di raccolta in Francia la presenza di 14.936 ex combattenti stranieri della guerra civile spagnola, dei quali 1.533 si dichiarano di nazionalità italiana.(Con la cortese autorizzazione dell'Ist. Storico Grossetano della Resistenza e dell'Età Contemporanea)

Italian volunteers in the French camp of Gurs. In December 1938 the League of Nations registered the presence of 14.936 foreign volunteers, of which 1.533 were Italians. (thanks to courtesy of the Istituto Storico Grossetano della Resistenza e dell'Età Contemporanea)

► Un gruppo di volontari, miliziani e donne combattenti a bordo di una vecchia Renault, durante le prime fasi della guerra nel luglio del 1936. La miliziana tiene fra le mani una pistola Astra 400.

A group of Communist volunteer, militiamen and women, jumping into a Renault truck during the very first stages of the war, July 1936. The militia woman is holding an Astra 400 gun.

▼ La fanteria repubblicana si appresta ad attraversare l'Ebro al mattino del primo giorno dell'offensiva del luglio 1938. La tenuta 'estiva' dei volontari risulta evidente anche per l'assenza di elmetti. La XIV fu la prima brigata internazionale ad attraversare il fiume e prese d'assalto alcune delle più forti postazioni avversarie fra Amposta e Campredò, perdendo centinaia di uomini per conquistare pochi chilometri di testa di ponte. Per il disperato coraggio dimostrato sull'Ebro, il battaglione Commune de Paris fu decorato con la medaglia al valore.
(Immagine tratta da un cinegiornale d'epoca, archivio dell'autore)

▼► *Miliziana armata posa in piedi ad un cannone howitzer da 155 mm modello Schneider. Barcellona agosto del 1936. (NAC pubblico dominio)*

Spanish militia volunteer standing on 155-millimetre howitzer 1917 Schneider, Barcelona, mid-August 1936. (NAC, Public Domain)

◄ Uomini del battaglione Andrè Etkar delle brigate internazionali nei loro baraccamenti al fronte. Spagna 1936. Per concessione di Bundesarchiv Bild 183-H28510

1936 The Etkar André battalion of the International Brigades in his barracks field.

---

35 *División Internaciónal* (dicembre 1937)
Comandante: Mayor General Walter (Karol Swierczewski)

- Stato Maggiore Divisione:
Trasmissioni - Sussistenza e Logistica – Squadrone Cavalleria – Battaglione Pionieri - Batteria Anticarro – Plotone Corazzati;
Comando Artiglieria Divisionale (Gruppo Skoda *Pauker*)

batteria *Agard*   batteria *Francobelga*   batteria *Pasionaria*   XXXII Brigada Mixta (spagnola) 4 batt.

XI Brigada Thaelmann:
Comandante: Heinrich Rau
  - Stato Maggiore:
battaglione *Thaelmann*: 3 cp. fucilieri; 1 cp. mitraglieri;
battaglione *Edgar André*: 3 cp. fucilieri; 1 cp. mitraglieri;
battaglione *Zwölfte Februar*: 4 cp. fucilieri;
battaglione *Hans Beimler*: 3 cp. fucilieri.

XV Brigada Internaciónal
Comandante: Jorge Agostino
  - Stato Maggiore:
battaglione *Lincoln*: 3 cp. fucilieri, 1 cp. mitraglieri;
battaglione *British*: 3 cp. fucilieri, 1 cp. mitraglieri;
battaglione *Mackenzie-Papineau*: 4cp. fucilieri;
battaglione *Español*: 4 cp. fucilieri;

batteria anticarro *Ingles*.

Fonti: Michel Alpert: *El Ejército Republicano en la Guerra Civil*; Carlos Engel: *Historia de las Brigadas Mixtas del Ejército Popular de la República*;
Salas Larrazabal : *Historia del Ejército Popular de la República*.

---

3 *División Internaciónal* (dicembre 1937)
Comandante: Mayor General Manuel Tagüeña

- Stato Maggiore Divisione:
Trasmissioni - Sussistenza e Logistica – Squadrone Cavalleria – Battaglione Pionieri - Batteria Anticarro – Plotone Corazzati;
Comando Artiglieria Divisionale

XIV Brigada La Marsillesa
Comandante: Marcel Segnier
  - Stato Maggiore:
logistica – trasporti – sanità – trasmissioni;
battaglione *Commune de Paris*: 3 cp. fucilieri; 1 cp. mitraglieri;
battaglione *André Marty*: 3 cp. fucilieri; 1 cp. mitraglieri;
battaglione *Henry Barbusse*: 4 cp. fucilieri;
battaglione *Six Fevrier*: 3.cp. fucilieri;
battaglione *Pierre Brachet*: 3 cp. fucilieri;
battaglione *Henry Vuillemin*: 4 cp. fucilieri.

XXXIII Brigada Mixta (spagnola)
4 battaglioni

XXXIV Brigada Mixta (spagnola)
5 battaglioni

Fonti: Michel Alpert: *El Ejército Republicano en la Guerra Civil*; Carlos Engel: *Historia de las Brigadas Mixtas del Ejército Popular de la República*;
Salas Larrazabal : *Historia del Ejército Popular de la República*.

Nazionalità	A: Brigate Internazionali					B: Milicia	C:Altro (1)	A, B e C
Fonte:	Thomas	Delperrye de Bayac	Archivi Comintern	Varie (2)	Lega delle Nazioni (3)			Castells
Francia	9.000	9.000	8.778	8.800	3.278	1.000	3.500	15.400
Germania	4.900	5.000	3.026	3.700	1744	500	900	5.831 (4)
Italia	3.350	3.100	2.908	3.400	1.533	850	400	5.108
Polonia	3.000	4.000	3.034	3.200	1.560	200	900	5.411
Stati Uniti	2.800	2.000	2.274	2.300	839	80	450	3.890 (5)
Gran Bretagna	2.000	2.000	1.806	1.800	469	70	350	3.504
Belgio	-	2.000	1.701	1.450	432	120	800	2.920
Area balcanica	-	4.000 (6)	2.056 (7)	-	667 (6)	180	350	2.614 (7)
Scandinavia	500	2.500 (6)	662 (8)	-	434 (8)	-	100	1.177 (8)
ex- Jugoslavia	1.500	-	-	1.400	-	-	-	-
ex Cecoslovacchia	1.500	-	-	1.300	-	-	-	-
Austria	-	-	-	1.200	-	-	-	-
Canada	1.000	-	-	1.100	377	-	-	-
Ungheria	1.500	-	510	1.000	279	-	350	2.148
Cuba	-	-	-	800	-	-	-	-
Paesi Bassi	700	-	-	700	-	-	-	-
Svizzera	-	-	-	650	-	60	-	-
Argentina	-	-	-	500	-	50	-	-
Svezia	-	-	-	500	-	-	-	-
Bulgaria	400	-	-	450	-	-	-	-
Romania	-	-	-	300	-	-	-	-
Irlanda	250	-	-	250	-	-	-	-
Grecia	160	-	-	200	-	-	-	-
Palestina	-	-	-	150	-	-	-	-
Portogallo	-	-	-	120	-	-	-	-
Danimarca	-	-	-	150	-	-	-	-
Norvegia	-	-	-	100	-	-	-	-
Messico	90	-	-	90	-	240	-	-
Cipro	60	-	-	60	-	-	-	-
Altri Paesi	2.500	2.000	4.482	1.200	3583 (9)	1.100	600	12.526
Totali:	35.210	35.600	31.237	36.870	14.936	4.450	8.700	58.796

Oltre a quelli indicati i volontari internazionali provennero anche dai seguenti Paesi: Albania; Algeria; Andorra; Arabia Saudita; Australia; Bolivia; Brasile; Cile; Cina; Colombia; Costarica; Giamaica; Guatemala; Ecuador; Egitto; Estonia; Etiopia; Filippine; Finlandia; Haiti; Honduras; India; Iran; Iraq; Islanda; Lettonia; Libia; Lituania; Lussemburgo; Marocco; Mongolia; Nicaragua; Nuova Zelanda; Palestina; Paraguay; Perù; Puerto Rico; Repubblica Dominicana; San Marino; Siria; Somalia; Sud Africa; Tunisia; Turchia; Uruguay; Venezuela.

1- volontari che prestarono servizio nella sanità militare, nell'aviazione; nella marina; nell'industria e in altri settori militari e civili
2- ricostruzioni e fonti diverse, come Marty, Beevor, ecc. 3- registrati in Francia fra l'ottobre e il dicembre 1938.
4- compresi gli austriaci 5- esclusi gli ebrei, considerati a parte da Castells, ma compresi i portoricani
6- senza indicazione delle nazionalità 7- include jugoslavi, bulgari, greci e albanesi 8- include svedesi, danesi e norvegesi
9- compresi 1.521 che si dichiararono apolidi.

▲ Artiglieria nazionalista fa fuoco contro le posizioni repubblicane vicino ad Amposta. Battaglia dell'Ebro, autunno 1938
Francoist artillery battery, firing against Republican resistance, probably near Amposta during the last steps of the Battle of the Ebre, Autumn 1938.

▼ La difesa di Madrid . Volontaria internazionale osserva con il suo binocolo le operazioni d'assedio dei nazionalisti.
Commander of the Republican women's squad on the Western Front of Madrid, January 1937. (NAC, Public Domain)

NOTE ALLE TAVOLE A COLORI

Tavola A: 1 – *Centuria Commune de Paris*; volontario, autunno 1936.

Alcun ritratti di volontari partiti dalla Francia nei mesi iniziali della guerra civile mostrano una gamma di vestiario molto varia, unita a una relativa uniformità dell'equipaggiamento, come i portamunizioni in tela di fabbricazione locale, portati dagli appartenenti a questa centuria costituita a Bordeaux nell'agosto del 1936. Il personaggio raffigurato indossa una giacca a doppio petto della marina – verosimilmente mercantile – sopra un paio di pantaloni civili.

2 – *Grupo Thaelmann*; volontario, settembre 1936.   **3** – *Grupo Thaelmann*; sottufficiale, Tardienta, ottobre 1936.

Quando nel settembre del 1936 i volontari di questa formazione furono passati in rassegna a Barcellona, alla vigilia della partenza per il fronte di Aragona, apparivano equipaggiati e abbigliati in maniera eccellente rispetto allo standard della milizia popolare. La maggior parte dei volontari indossava camice di cotone kaki dell'esercito spagnolo, pantaloni larghi oppure a coulisse con mollettiere fino al ginocchio. In molti portavano l'elmetto spagnolo mod. 1926, mentre altri si coprivano con i *sombreros* dell'armata coloniale di tessuto kaki. L'armamento individuale era composto da fucili Mauser 1895-1913 e portamunizioni regolamentari dell'esercito spagnolo.

4 – *Grupo Rakosy*, volontario, settembre 1936.

Tute *mono* di cotone e berretti *isabellino* rendono questi volontari ungheresi del tutto simili ai miliziani catalani del PSUC, con i quali furono aggregati. La maggior parte dei membri di questa unità giunse in Spagna attraverso l'URSS, dove si era rifugiata al termine della breve esperienza socialista del 1919. Ungheresi erano anche alcuni dei maggiori comandanti delle Brigate Internazionali, come Manfred Stern, Janos Galicz e Mate Zalka.

Tavola B: 1 – *Columna Francisco Ascaso, battaglione Giustizia e Libertà*; volontario, Huesca, settembre 1936.

Le poche fonti a disposizione riguardo l'aspetto dei volontari italiani in Aragona mostrano una sostanziale somiglianza con i miliziani locali: pantaloni di una tenuta da lavoro su una camicia militare, forse dell'esercito italiano. Sebbene il cappello a *borsalino* non fosse molto diffuso, appare in testa a molti volontari del battaglione in una foto di gruppo scattata ai primi di settembre del 1936. 1b : distintivo da giacca introdotto dopo la formazione del battaglione.

2 – *Columna Durruti, Grupo Internacional*, volontario francese, primavera 1937.

Il maglione a collo alto di tipo civile reca sul petto un curioso distintivo che allude forse all'alleanza delle organizzazioni progressiste del *Frente Popular*. I pantaloni di una *mono* e le calzature di tela *alpargatos* sono tipici delle unità della milizia in Aragona.   **3**   –

Columna Francisco Ascaso, Sezione Italiana; membro di un gruppo di assalto, aprile 1937.

I gruppi di assalto dell'esercito popolare erano perlopiù equipaggiati con bombe a mano e armi automatiche. Il berretto di panno di questa foggia era tipico delle formazioni anarchiche in Aragona e conosciuto come *Gorra de la CNT*; il distintivo sulla parte frontale è una delle opzioni possibili.

Tavola C: 1 - Batallón *Dabrowski*, XI brigata internazionale; fuciliere, ottobre 1936;

3 - batallón *Edgar Andrè*, XII brigata internazionale; fuciliere, novembre 1936.

L'eterogeneità dell'equipaggiamento delle prime unità internazionali è riscontrabile nelle foto dei combattimenti di Madrid. Giubbotti di tutti i tipi compaiono assieme a giacche di pelle nera o marrone scuro. Nell'autunno del 1936, Luigi Longo riferiva che per il battaglione *Dabrowski* le sole dotazioni di abbigliamento disponibili erano delle semplici tute *mono* da operaio di colore azzurro, da indossare sopra gli abiti civili; il fazzoletto rosso era l'unico segno di riconoscimento impiegato. Portamunizioni ed elmetto modello 1926 sono regolamentari, il fucile è un Enfield 0.303 – M1895-1913.

2 – Commissario politico, XI brigata internazionale, novembre 1936. Il commissario dell'XI brigata Giuseppe Di Vittorio è spesso raffigurato con una giacca imbottita di pelliccia di agnello, molto comune in entrambi gli schieramenti – conosciuta come *canadesa* - e ampiamente diffusa fra gli ufficiali delle brigate internazionali. In altre immagini Di Vittorio indossa un paio di pantaloni kaki di una *mono* almeno una misura più grande, portati sciolti oppure legati alla caviglia, e una maglia di lana di tipo civile. Il basco alla francese di colore nero senza distintivo era il copricapo più comune del sindacalista italiano.

Tavola D: 1 – Batallón *Hans Beimler*, XI brigata internazionale; tenente compagnia fucilieri, giugno 1937.

La figura è tratta da una foto di un gruppo di ufficiali del neo costituito battaglione Beimler, alla vigilia dell'offensiva su Brunete. La giacca *sahariana* di cotone indossata da questo tenente potrebbe essere di preda bellica, oppure provenire da uno dei tortuosi canali di approvvigionamento delle brigate internazionali.

2 – Batallón *Lincoln*, XV brigata internazionale; aiutante, dicembre 1937.

La figura è tratta da una foto del comunista statunitense Milton Wolf, in seguito organizzatore di formazioni di guerriglieri e ispiratore del personaggio di Robert Jordan, nel romanzo di Hemingway 'Per chi suona la campana'. Wolf indossa una giacca regolamentare da ufficiale, con i gradi di capitano sulle maniche, sopra camicia e cravatta d'ordinanza, la cui eleganza contrasta non poco con il *pasamontaña* di lana.

3 – Batallón *Mackenzie-Papineau*, XV brigata internazionale; commissario politico di battaglione, ottobre 1937.

La figura ritrae un commissario nel tipico abbigliamento da campagna degli ufficiali delle brigate internazionali; notare la camicia dell'esercito USA modello 1917 e la fondina in stile Sam Browne per la pistola Astra.

4 – Batallón *Lincoln*, XV brigata internazionale; fuciliere, aprile 1938.

La giacca *tabardo*, qui in versione monopetto, per i soldati semplici era normalmente priva delle tasche inferiori. La cintura con le cartucciere in tela è simile a quella dell'esercito USA mod.1910, riscontrabile in molte foto dell'epoca.

5 – Batallón *Garibaldi*, XII brigata internazionale; mitragliere, aprile 1937. Un'altra giacca *tabardo*, stavolta del più comune modello a doppio petto, è indossata sopra un'altra giacca, probabilmente una *cazadora*, per meglio proteggersi dai rigori del clima della Sierra.

Tavola E: 1 – Batallón *La Marseillaise*, XIV brigata internazionale; tenente, marzo 1937.

La giacca *tabardo*, qui senza taschini e probabilmente commissionata a una sartoria privata, è indossata sopra un paio di pantaloni da cavalleria, con gli eleganti stivali in cuoio da ufficiale. Queste calzature erano universalmente apprezzate e molto invidiate dagli ufficiali ribelli.

▲ Soldati repubblicani facenti parte dei tremendi "Battaglioni della morte"
Republican and volunteer of the Death battalions.

▼ La difesa di Madrid . Volontaria internazionale osserva con il suo binocolo le operazioni d'assedio dei nazionalisti.
Rebel soldiers aiming in trenches near Navacerrada during the first winter of the war, Sierra de Guadarrama, December 1936.

2-3 – Batallón *Mackenzie-Papineau*, XV brigata internazionale; fuciliere e sottufficiale, inverno 1937/38.
La vita di trincea costringeva a escogitare accorgimenti pratici per proteggersi dall'umidità e dal freddo. Il primo soldato indossa una giacca *tabardo* sopra l'equipaggiamento, in modo da svestirsi una volta terminato il suo turno e liberarsi dell'indumento ormai bagnato. Sotto il *tabardo* il volontario indossa una giacca corta tipo *cazadora*. In secondo piano l'osservatore è coperto da un *capote manta* provvisto di ampio cappuccio, sopra il quale ha adattato la cerata di una vecchia tenda.

Tavola F: 1 – Batallón *Henry Vuillemin*, XIV brigata internazionale; fuciliere; inverno 1937/38.
L'abbigliamento invernale delle brigate internazionali fu condizionato dalle scorte di equipaggiamento e al pari delle altre forniture attinse dalle fonti più disparate. I cappotti a doppio petto sembrerebbero più comuni dei monopetto, come quello indossato da questo volontario francese. Il *pasamontaña* di lana era a volte privo di visiera. Notare sulla manica sinistra la stella tre punte, divenuto simbolo ufficiale degli interbrigatisti con il decreto del 27 settembre del 1937.

2 – Bateria *Antonio Gramsci*, grupo *Skoda Baller*; Sargento, novembre 1937.
Nell'esercito repubblicano il copricapo - *gorra de plato* - era spesso portato da ufficiali e sottufficiali senza l'imbottitura interna. La granata di metallo dorato sopra la visiera identificava l'artiglieria.

3 – Battallón *Español*, XV brigata, fuciliere, inverno 1937/38;
4 – Battallón *Lincoln*, XV brigata; commissario politico di battaglione inizio 1938;
Notare la forma del colletto e la patta per serrarlo, differente nei due cappotti. Il distintivo regolamentare di grado del commissario era accompagnato sul copricapo da una 'C' in metallo dorato.

5 – Batallón *Dimitrov*, CXXIX brigata; fuciliere, inverno 1937/38.
Curiosamente alcuni cappotti distribuiti nell'inverno 1937/38 sembrerebbero realizzati con l'abbottonatura invertita. Notare la cartucciera in cuoio da cavalleria dell'esercito spagnolo, copia di quella britannica *90 round* modello 1903.

Tavola G : 1 – Plotone autoblindo, XI Brigata Internazionale, autista, primavera 1937.
Alla fine dell'estate del 1937 l'XI brigata schierava un'unità da ricognizione equipaggiata con autoblindo sovietiche BA-10 e formata da personale in prevalenza austriaco. La giacca di pelle nera era probabilmente un'imitazione locale di quella sovietica per le truppe corazzate. In una foto alcuni dei membri del plotone indossano anche caschetti da carrista dell'Armata Rossa.

2 – Consigliere militare sovietico; ottobre 1937.
Nonostante Stalin non permettesse ai cittadini dell'URSS di arruolarsi nelle Brigate Internazionali, per molti versi i sovietici costituirono la sesta (o la settima) brigata, avendo inviato in Spagna molti ufficiali e sottufficiali, perlopiù impiegati come consiglieri militari, ma a volte presenti anche nei ruoli combattenti. Complessivamente l'Armata Rossa inviò oltre 2.000 uomini, di cui 351 carristi, 100 artiglieri, 772 aviatori, 77 marinai, 352 istruttori, consiglieri e altri specialisti. Con i gradi di tenente colonnello, questo ufficiale indossa l'uniforme regolamentare dell'esercito repubblicano introdotta alla fine del 1936; notare il distintivo dello stato maggiore – una stella a cinque punte in una corona di foglie di quercia in metallo dorato – applicata sulla parte frontale del copricapo. L'equipaggiamento d'ordinanza prevedeva una cintura e una tracolla per la pistola in cuoio marrone scuro con accessori in ottone.

3 –Sección Caballeria Dabrowski, XIII brigata internazionale; Cabo, maggio 1938. Poco numerosa, ma presente in cinque brigate internazionali, la cavalleria schierò formazioni di organico mai superiore a quello di una compagnia, impiegata soprattutto per la ricognizione e la scorta. La XIII brigata fu l'unica a mantenere in attività un'unità di cavalleria fino al settembre del 1938, formata con volontari dell'Europa orientale, in prevalenza ungheresi e polacchi.

H - Insegne:

1 – La centuria *Gastone Sozzi* faceva parte della milizia popolare del PSUC ed era intitolata alla memoria del giovane militante comunista cesenate, morto in prigione in seguito alle torture della polizia politica fascista. Questa bandiera continuò ad essere usata dai volontari della terza compagnia del battaglione *Garibaldi* almeno fino alla primavera del 1937. Il verso era ugualmente di colore rosso ma privo di scritte. Dimensione approssimative cm 90x120. (Fonti: Archivio dell'Associazione Italiana Combattenti Volontari Antifascisti di Spagna)

2 – Questa insegna fu donata a Barcellona alla centuria *Thaelmann* il 22 ottobre del 1936, di ritorno dai sanguinosi combattimenti di Tardienta, nei quali era andata perduta l'insegna del reparto. La nuova bandiera venne affidata ai fratelli Nielsen, tre volontari danesi che da Copenhagen erano giunti in Catalogna in bicicletta. Come l'insegna precedente non recava alcuna scritta sul verso. Dimensioni cm 105x125. (Fonti: Sebastià Herreros i Agüí: The International Brigades in the Spanish War 1936-1939: Flags and Symbols, Presentation to the 21st International Congress of Vexillology, York, England, 26 luglio 2001)

3 – L'insegna adottata dai volontari internazionali della *Columna Durruti* era simile ad altre usate dalle unità che componevano quel raggruppamento e si basava sui classici colori anarchici, più spesso disposti in modo 'trinciato' o 'barrato'. Caso unico fra tutte le insegne della milizia confederale è la presenza della falce e martello, che probabilmente alludeva al pluralismo ideologico del contingente straniero. La maggior parte dei componenti internazionali della colonna proveniva dalle fila dell'anarcosindacalismo francese, come testimoniato dalla maggioranza di uomini della CGT-SR parigina nella *Delegación* dell'unità, tuttavia nei primi mesi del 1937 è segnalata la presenza di un ex colonnello dell'esercito italiano mai identificato e noto col nome di battaglia *Pablo*. Dimensioni approssimative cm 160x70. (Fonti: Archivio della CNT-AIT di Camp de Morvedre; Sebastià Herreros i Agüí: The International Brigades in the Spanish War 1936-1939: Flags and Symbols, Presentation to the XIX International Congress of Vexillology, York, England, 26 luglio 2001)

4 – La bandiera è documentata nelle memorie di alcuni volontari che combatterono in Spagna all'interno di questo battaglione, facente parte della *columna Francisco Ascaso*, e schierato in Aragona dall'agosto del 1936 nel settore di Huesca. Dimensioni sconosciute. (Fonti: P. Margheri e M. Puppini (a cura di), Ricordi di combattenti della Guerra Civile Spagnola, in: Memorie di Spagna, ottobre 2003)

5 – La bandiera nera col teschio costituì l'ennesimo motivo di critiche per questo battaglione - formato a Barcellona nell'agosto del 1936 da anarchici italiani – che adottò uniforme e simboli che in molti ritennero troppo simili a quelli fascisti. Una spiegazione riguardo queste scelte risiede nel fatto che uno dei principali organizzatori dell'unità proveniva dall'Argentina, dove il movimento anarchico utilizzava una simbologia particolarmente truce. Dimensioni approssimative cm. 100x130. (Fonti: Sebastià Herreros i Agüí: The International Brigades in the Spanish War 1936-1939: Flags and Symbols, Presentation to the 21st International Congress of Vexillology, York, England, 26 luglio 2001)

6 – Quando nell'ottobre del 1936 il battaglione Garibaldi fu formato ad Albacete – base delle Brigate Internazionali - adottò questa bandiera, portata in combattimento assieme ad altre insegne appartenute a formazioni preesistenti, come quella della *Gastone Sozzi*. Nei primi mesi di esistenza le unità appartenenti alle Brigate Internazionali usarono bandiere perlopiù su fondo rosso, con simboli e iscrizioni di vario tipo, spesso afferenti a personaggi storici o alla simbologia della *Terza Internazionale*. Dimensioni approssimative cm. 100x140. (Fonti: Archivio dell'Associazione Italiana Combattenti Volontari Antifascisti di Spagna)

7 – Verso la fine dell'estate del 1937 i battaglioni delle Brigate Internazionali adottarono bandiere basate sul tricolore repubblicano, uniformandosi così alle unità dell'esercito popolare, pur conservando in molti casi le insegne tradizionali. Questa bandiera fu consegnata nel novembre del 1937 al quarto battaglione della XIII Brigata Internazionale, e mostra lo schema classico usato per le nuove insegne; sul verso normalmente era riprodotta l'arme araldica repubblicana (vedi 7b). In altri casi la stella a tre punte occupava posizione centrale sul verso, mentre in certe insegne compariva semplicemente l'iscrizione con il numero del battaglione e della brigata di appartenenza. Dimensioni cm. 85x150. (Fonti: Sebastià Herreros i Agüí: The International Brigades in the Spanish War 1936-1939: Flags and Symbols, Presentation to the 21st International Congress of Vexillology, York, England, 26 luglio 2001)

8 – Nel settembre del 1937 la cittadinanza di Madrid fece dono alla base di Albacete di guidoni come quello raffigurato, recanti sul verso o sul recto lo stemma della città assieme alla stella a tre punte. Simili a queste insegne ne vennero realizzate altre più piccole destinate alle compagnie di ciascun battaglione. Nel battaglione *Palafox* lo stendardo della compagnia ebraica *Botwin* recava su verso e recto il motto 'per la vostra e la nostra libertà' in polacco: *za waszą i naszą wolność* e in yiddish: ייד ןוא טייהיירפ רעזדנוא ראפ. Dimensioni cm. 50x110.
(Fonti: Sebastià Herreros i Agüí: The International Brigades in the Spanish War 1936-1939: Flags and Symbols, Presentation to the 21st International Congress of Vexillology, York, England, 26 luglio 2001; Germen Zaagsma: *Jewish volunteers in the Spanish Civil War: a case study of the Botwin Company*. London University)

▲ Membri di milizie e soldati che combattono a nord di Madrid - nel mezzo un uomo con un fucile svedese Mauser M1894

Soldiers of Militia and Volunteer corps in training at north of Madrid. The men show a rifle Mauser M1894 at a woman soldier.

▶ Volontari tedeschi dell'XI brigata in marcia per il fronte di Brunete alla fine di giugno del 1937. Il primo ufficiale a sinistra è Heinz Priess, in seguito commissario politico del battaglione Hans Beimler.
Deutsches Bundesarchiv Bild 183-Z0806-036.

German volunteers marching to Brunete, end June 1937. The officer on the left is Heinz Priess, later political commissar of the Hans Beimler battalion. Deutsches Bundesarchiv Bild 183-Z0806-036.

COLOUR PLATES (ENGLISH NOTE)

Plate A: 1 – *Centuria Commune de Paris*; French volunteer, Autumn 1936.

Some photos of foreign volunteers show a great variety of dress with several kinds of local made equipment, such as the canvas ammunition pouches, standard issues for this unit formed in Bordeaux in August 1936. This volunteer wears a navy style double breasted coat – possibly of a merchant ship – and civil trousers.

2 – *Grupo Thaelmann*; German volunteer, September 1936.   3 – *Grupo Thaelmann*; NCO, Tardienta, October 1936.

In late summer 1936 this unit marched to Aragon with better dress and equipment than the militia's standard. The first volunteer wears Spanish army kaki cotton shirt, coulisse trousers and gaiters. Regular mod. 1926 steel helmets and fabric *sombreros* of the African Army were the most common headgears. The Spanish Mauser 1895-1913 rifle and the leather cartridge pouches are both Spanish regular army items.

4 – *Grupo Rakosy*, Hungarian Volunteer, September 1936.

Cotton *mono* and *isabellino* headgear are the same clothing worn by the PSUC militia of Catalonia, with which this group was attached in autumn 1936. Many Hungarian volunteers arrived in Spain via USSR, where they had been exiled after the short 'soviet' experience of 1919. Some of the international brigade's major officers, such as Manfred Stern, Janos Galicz and Mate Zalka, were of Hungarian origin too.

Plate B: 1 – *Columna Francisco Ascaso*, battaglione *Giustizia e Libertà*; volunteer, Huesca, September 1936.

Little is known about the dress and equipment of the first Italian volunteers in Aragon, but some evidences shows that they were not much different from local militia. Work trousers and military shirts – maybe from the Italian army in this case – were common in the first weeks of the war. The civilian *borsalino* hat was unusual but it appears as widely used in a picture taken in August 1936. 1b: sleeve badge introduced after the battalion formation.

2 – *Columna Durruti, Grupo Internaciónal*, French volunteer, Spring 1937.

The wool sweater carries a curious badge, possibly alluding to the left alliance of *Frente Popular*. The dark blue *mono* trousers and canvas *alpargatos* shoes are typical in the Aragon militia.

3 – *Columna Francisco Ascaso*, Sezione Italiana; assault group, April 1937. The popular army assault teams were equipped with hand grenades and automatic weapons, like the versatile but dangerous Spanish Schmeisser MP28 *Naranjero*. The hat is typical of the anarchist units in Aragon, known as *Gorra de la CNT*. The frontal badge is speculative.

Plate C: 1 - Batallón *Dabrowski*, 11th International Brigade; rifleman, October 1936;

3 - batallón *Edgar André*, 12th International Brigade; rifleman, November 1936. The composite range of the international units in Madrid is referenced by photos and eye-witness accounts. Dark civilian-style clothing probably of black-brown leather was common. In the autumn of 1936, Luigi Longo reported that the only available dress for the *Dabrowski* battalion was azure-blue *mono* work suits, worn over the civilian clothing; red kerchiefs were the only distinctive features. The Spanish army leather equipment seems to have been scarce and, instead of regular Spanish ammunition pouches, the volunteers received pale fabric bandoliers. Spanish mod. 1926 helmets and Enfield rifle 0.303 - M1895-1913 were common weapons in the Madrid front.

2 – Political Commissar, 11th International Brigade, November 1936.

The 11th Brigade political commissar Giuseppe Di Vittorio is often portrayed with the heavy lamb wool lined storm coat - known as *canadesa* – very popular among the international brigade's officers in Albacete, worn in many differing patterns. In other pictures Di Vittorio wears kaki *mono* trousers, at least one size larger, gathered at the ankle or free, and a civil cardigan of dark wool. The black French style basque without rank insignia was the common headgear worn by the Italian syndacalist.

Plate D: 1 – Batallón *Hans Beimler*, 11th International Brigade; rifleman Lieutenant, June 1937. A composite of some figures from a group of officers of the newly formed *Beimler* battalion - photographed at the time of the Brunete offensive – he wears a *saharian* light jacket possibly from captured equipment or from the various dress assortments of the international brigades. Breeches from the US Army surplus are worn with legging gaiters. Note the rank insignia on the pocket button.

2 – Batallón *Lincoln*, 15th International Brigade; adjutant, December 1937.

This figure is based on a photo from the American communist Milton Wolf, later major organizer of guerrilla group, who suggested to Ernest Hemingway the principal character for the novel 'For Whom The Bell Tolls'. Wolf wears a mod. 1936 officer's jacket with the rank insignia of Captain on the sleeves and regular Spanish army shirt with tie, hardly contrasting with the informal wool *pasamontaña* headgear.

3 – Batallón *Mackenzie-Papineau*, 15th International Brigade. Political Commissar, October 1937.

A typical campaign dress and equipment of an officer shown in a contemporary photo; note the US army shirt mod. 1917 and the *Sam Browne* style Astra pistol belt.

4 – Batallón *Lincoln*, 15th International Brigade, rifleman.

The *tabardo* coat, here single breasted, without lower pockets for privates was the more common winter clothing of the republican army. The canvas rifle belt is similar to the US Army mod. 1910 seen in contemporary photos.

5 – Batallón *Garibaldi*, 12th International Brigade; machine gunner, April 1937. Another *tabardo* coat, but in the more common double breasted pattern, is worn on a *cazadora*, a short hunting jacket, to improve protection from the low temperature of the *Sierra*. Spanish copies of the French *Adrian* helmets painted in light brown were common in the 12th Brigade.

Plate E: 1 – Batallón *La Marseillaise*, 14th International Brigade; Lieutenant, march 1937.

The *tabardo* coat, shown here without small pockets – possibly acquired from a private tailor – is worn with cavalry breeches and the superb field boots, highly appreciated items which were very popular among the republican officers.

2-3 – Batallón *Mackenzie-Papineau*, 15th International Brigade, rifleman and NCO.

The trench warfare suggested practical insulation to protect the body from the wet and cold. The first soldier wears a tabardo directly on the equipment and the *cazadora* jacket. In the background the observer wears a *capote manta* cloak coat with large cowl under a wax cloth recycled from an old tent.

Plate F: 1 – Batallón *Henry Vuillemin*, 14th International Brigade; rifleman, winter 1937/38. The winter dress of the International Brigades was determined by the shortage of the republican resources and, like other military equipment, came from a wide range of suppliers. The double breasted greatcoats seem to have been more common than the single breasted ones; however, this French volunteer is wearing the second type. The wool *pasamontaña* headgears were sometimes peakless. Note the red three pointed star on the left sleeve, introduced as the International Brigades official symbol after the decree of September 27, 1937.

2 – Bateria *Antonio Gramsci*, grupo *Skoda Baller*; artillery sergeant, November 1937.
In the republican army the *gorra del plato* cap was worn by officers and NCO without stuffing in so-called Lenin's style; a yellow metal grenade on the cap identified the artillery.

3 – Battallón *Español*, 15th International Brigade, fuciliere, inverno 1937/38;

4 – battallón *Lincoln*, 15th International Brigade; battalion Political Commissar, early 1938. Note the different pattern of the greatcoat collars. The rank insignia for the political commissar included on the cap a gilded metal 'C'.

5 – Batallón *Dimitrov*, 129th International Brigade, rifleman, winter 1937/38.
Strangely some greatcoats distributed in winter 1937-38 seem to have an inverted double breast. Note the leather ammunition pouches of the Spanish Army cavalry, replica of the British bandolier *90 round* mod. 1903.

Plate G: 1 – Armoured car platoon, 11th International Brigade, driver, spring 1937.
Until the end of summer 1937 the 11th brigade deployed a reconnaissance unit equipped with soviet BA-10 armoured car and composed by Austrians in prevalence. The black leather jacket seems to be a local imitation of the Soviet armoured troop's jacket. In a contemporary photo some members also wore Red Army tank helmets.

2 – Soviet Military Consultant, October 1937.
Notwithstanding the Stalin prohibition for the Soviet citizens to enlist themselves in the international brigades, some authors consider the Red Army personnel in the Peninsula as the sixth (or seventh) International Brigade. USSR sent to Spain many officers and NCO, employed as military consultants and instructors, but in some occasions they served in combat roles. The Soviet presence in Spain was around 2.000 men in total, from which 351 were tank crews, 100 artillerymen, 772 aviators, 77 sailors, 352 instructors, consultants and other specialists. With the rank insignia of Lieutenant Colonel, this officer wears the regular 1936 Spanish uniform; note the badge of the major staff – a gilded five pointed star with oak leaves – on the headgear. The standard equipment for officers included an Astra pistol with dark brown leather belt with brass accessories.

3 – Sección *Caballeria Dabrowski*, 13th International Brigade; *Cabo*, maggio 1938.
Small in numbers, but present in five international brigades, the cavalry deployed was never more than one company, employed mainly for reconnaissance and escort duties. The 13th International Brigade was the only brigade to maintain a cavalry unit, formed with volunteers from East Europe - especially Poland and Hungary – until September 1938.

PLATE H: FLAGS

1 – The *Gastone Sozzi* centuria was part of the PSUC militia, named after the young communist from Cesena died by torture in a fascist jail. This flag was carried by the 3rd company's volunteers of *Garibaldi* battalion until the Spring 1937. The obverse was in red but without inscriptions. Approximate size cm. 90x120. (Sources: Archivio of the Ass. It. Combattenti Vol. Antifascisti di Spagna)

2 – This flag was a present for the *Thaelmann* centuria in Barcelona, October 22, 1936, after the bloody fights of Tardienta, where the unit

lost its colours. The new flag was given to the Nielsen brothers, three Danish volunteers, who travelled by bike from Denmark to Catalonia. Obverse in red without writings or symbols. Size cm. 105x125.
(Sources: Sebastià Herreros i Agüí: The International Brigades in the Spanish War 1936-1939: Flags and Symbols, Presentation to the 21st International Congress of Vexillology, York, England. July 26th, 2001)

3 – The international volunteers of *Durruti* column carried a flag based on the classic anarchist red and black pattern. Unique example among other confederal flags, this insignia carried hammer and sickle, possibly alluding to the various ideological provenance of the members. Most volunteers came from France, as is evident by the high number of GT-SR union members in the unit *Delegación*, but at least one never identified Italian ex colonel – known as *Pablo* – joined the staff in early 1937. Approximate size: cm. 160x70.
(Sources: CNT-AIT Archives of Camp de Morvedre; Sebastià Herreros i Agüí: The International Brigades in the Spanish War 1936-1939: Flags and Symbols, Presentation to the XIX International Congress of Vexillology, York, England. July 26th, 2001)

4 – This flag is mentioned in the records of some volunteers, who fought in the *Francisco Ascaso* column in the sector of Huesca, Aragon, since August 1936. Unknown size.
(Sources: P. Margheri and M. Puppini, Ricordi di combattenti della Guerra Civile Spagnola, in: Memorie di Spagna, october 2003)

5 – The black flag with skull and bones was yet another source of criticisms for this battalion, raised in August 1936, in Barcelona by Italian anarchists' exiles – who adopted uniform and symbology similar to the fascist ones. An explanation about these choices is that some unit's organizers came from Argentina, where the local anarchist movement adopted a particularly grim symbolism. Approximate size cm. 100x130.
(Sources: Sebastià Herreros i Agüí: The International Brigades in the Spanish War 1936-1939: Flags and Symbols, Presentation to the 21st International Congress of Vexillology, York, England. July 26th, 2001)

6 – The Garibaldi battalion received this flag in October 1936, when it was formed in Albacete and carried together with other insignias belonging to the early volunteers units, such as the *Gastone Sozzi*. At the early stages, several international units carried flags on red with symbols and writings inspired by the symbolism of the Third International. Approximate size cm. 100x140.
(Source: archive of the Associazione Italiana Combattenti Volontari Antifascisti di Spagna)

7 – From September 1937 the International Brigades carried new flags based on the republican tricolour, as standardized in the popular army. This flag was carried by the fourth battalion of the 13th International Brigade, following the regular army pattern; on the verse was reproduced the heraldic Spanish arm (7b). In some cases the three pointed star occupied the central position on the flag's verse, while on the obverse were carried writings like battalion's denomination and brigade's number. Approximate size cm. 85x150.
(Sources: Sebastià Herreros i Agüí: The International Brigades in the Spanish War 1936-1939: Flags and Symbols, Presentation to the 21st International Congress of Vexillology, York, England. July 26th, 2001)

8 – In September 1937 the citizens of Madrid made a present for Albacete base of guidons red-gold-purple with the city's arm and the three pointed star. Similar, but of minor size, other flags were presented for the company of each international battalion. The Jewish company in the Palafox battalion carried on both side the words 'for yours and ours freedom' in polish: *za waszą i naszą wolność* and in Yiddish: רעזדנוא ראָפֿ פֿרייהייט ןאָ וריד. Size cm. 50x110.
(Sources: Sebastià Herreros i Agüí: The International Brigades in the Spanish War 1936-1939: Flags and Symbols, Presentation to the XIX International Congress of Vexillology, York, England. July 26th, 2001; Germen Zaagsma: *Jewish volunteers in the Spanish Civil War: a case study of the Botwin Company*. London University)

◄ Albacete, autunno 1936, Giuseppe Di Vittorio (secondo da sinistra), con il nome di battaglia di Mario Nicoletti , fu il primo commissario politico dell'XI brigata internazionale. Accanto a lui Hans Kahle, capo del battaglione Thaelmann e futuro comandante della 45a divisione internazionale. L'ultimo personaggio a destra è Vittorio Vidali, capo del controspionaggio interno, noto come 'Comandante Carlos'. Di Vittorio fu fra i primi esponenti del partito comunista italiano ad essere in Spagna, partecipando attivamente all'organizzazione delle brigate internazionali con Luigi Longo e Andrè Marty. Riparato in Francia nel 1939 diresse 'La voce degli italiani', quotidiano degli antifascisti esiliati. Arrestato nel 1941 venne tradotto in Italia e internato a Ventotene.

Albacete, autumn 1936, Giuseppe Di Vittorio (second to left), with the war name of "Mario Nicoletti", he was the first political commissar if the 11th International Brigade. With him, to right, Hans Kahle, commandant of the Thaelmann battalion an later chief officer of 45th International Division. The last man on the right is Vittorio Vidali, chief of the intelligence of Albacete, also known as the "Commandant Carlos."

► Un soldato del battaglione Lincoln, XV brigata, in un disegno dell'autore, nell'inverno del 1937-38, si protegge dal freddo con il caratteristico **capote manta** di lana, un capo di abbigliamento particolarmente apprezzato e usato da moltissimi soldati della guerra civile. La tessitura obliqua del tessuto garantiva una discreta impermeabilità e a volte, specie quando la temperatura scendeva sottozero lo si indossava sopra il cappotto vero e proprio.

A soldier of the Lincoln Battalion, XV Brigade, in a drawing of the author, in the winter of 1937-38, is protected from the cold with the characteristic wool capote manta, a particularly garment appreciated and used by many civil war soldiers. The oblique texture of the fabric ensured a good water resistance and sometimes, especially when the temperature drops below freezing it is worn over the coat.

▲ Scioglimento di una Brigata internazionale a Tortosa nel 1938. *1938 Loyalist International Brigade Disbands, Tortosa*

▼ Prigionieri americani rilasciati a Hendaya (Spagna) nel 1938. Si trattò dello scambio di 40 miliziani, in cambio di UN ugual numero di aviatori italiani catturati dai lealisti. L'operazione venne curata dall'ambasciatore americano C.C.Bowers.
1938 American Prisioners released in Spain, Hendaya

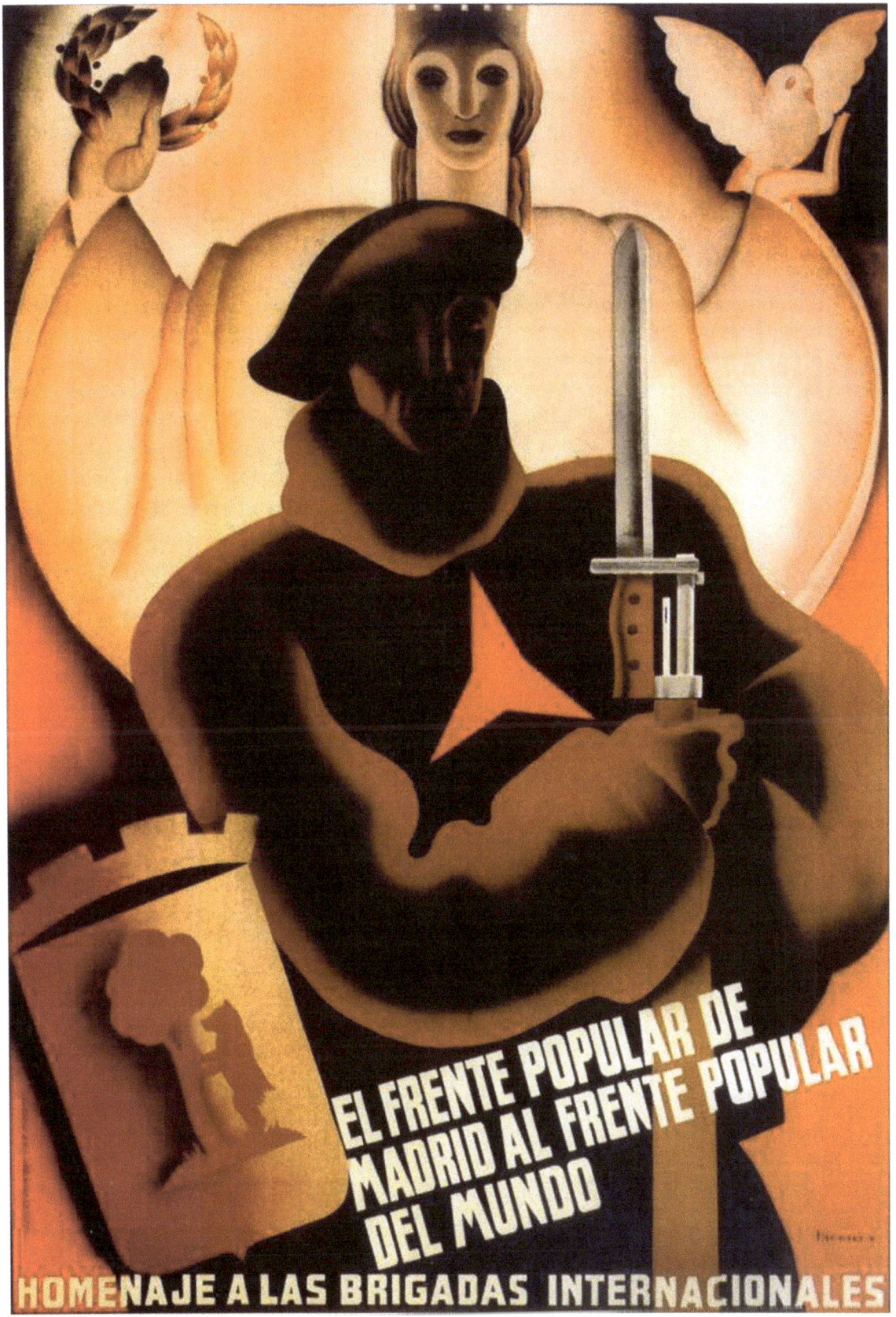

EL FRENTE POPULAR DE
MADRID AL FRENTE POPULAR
DEL MUNDO

HOMENAJE A LAS BRIGADAS INTERNACIONALES

▲ Italiani contro: Giuseppe di Vittorio, volontario comunista parla a radio Spagna.
The Italian communist leader Giuseppe di Vittorio speak at Radio Espana

▼ Italiani contro: Mezzi del corpo dei volontari dell'esercito italiano mandati da Mussolini in soccorso a Franco a Guadalajara.
Italian Fascist tanks from the Corpo Truppe Volontarie, Guadalajara, March 1937. (Bundesarchiv, CC-BY-SA 3.0)

▲ I volontari delle Brigate internazionali partono da Gijon a Bordeaux su barconi francesi
The volunteer of Intranational brigade move on ship from Gijon to Bordeaux.

▼ Soldati repubblicani fuggono attraverso il confine naturale dei Pirenei. Marzo 1938
Republican soldiers crossing the Spanish-French border in the Pyrenees, March 1938. *(NAC, Public Domain)*

▲ Soldati repubblicani spagnoli e stranieri attraversano il confine francese per consegnarsi all'esilio a bordo di un camion mod. 704s. Si possono notare le armi che i miliziani hanno consegnato in fronte al garage, Le perthus 8 febbraio 1939. Dopo che il governo francese di Daladier decise di aprire le porte del confine il giorno seguente cadde Barcellona. Il passo di Le Perthus fu uno dei più comuni passaggi del confine insieme a Junquera, Portbou, Cerbère and Bourg-Madame. Riguardo alle strane uniformi francesi, ricordiamo che dal 1935, l'esercito francese adottò il colore khaki come standard per le proprie uniformi, ma il bleu horizon era ancora largamente portato da truppe riserviste e unità non combattenti come questi frontalieri.

Spanish Republican soldiers crossing the border to exile in France in a White 704S truck, with their weapons commandeered by the gendarmes, in the front of a garage, Le Perthus, 8th February 1939. After Daladier's Goverment decided to open the French borders the 27th January, the day after the fall of Barcelona, Le Perthus was one of the most common crossing borders in the Pyrinees, along with Junquera, Portbou, Cerbère and Bourg-Madame. Concerning the French uniforms, although by 1935 the French Army had issued khaki clothing as standard, horizon blue was still worn by some reservists and non-combatant units.

▼ Stemma-simbolo del Limerick International Brigades Memorial Trust di Limerick (UK), collezione Luca Cristini
Sign of Memorial International Brigades Trust of Limerick (UK). Collection of Luca Cristini

BIBLIOGRAFIA - BIBLIOGRAPHY

- **STORIA DELLA GUERRA CIVILE:**

M. ALPERT, A New International History of the Spanish Civil War, Basingstoke 2004.
A. BEEVOR, The Battle for Spain, the Spanish Civil War, London 2006.
B. BOLLOTEN, The Spanish Civil War. Revolution and Counterrevolution, Chapel Hill 1991.
E.H. CARR, The Comintern and the Spanish Civil War, New York 1984.
J.W. CORTADA (a cura di), Dictionary of the Spanish Civil War, 1936-1939, Westport 1982.
R. DE LA CIERVA, Historia de la guerra civil española, Madrid 1969.
R. DE LA CIERVA, Historia ilustrada de la guerra civil española, 2 voll., Barcelona 1970.
J. DIAZ, Tres anos de lucha, Paris 1969.
H. M : ENZENSBERGER, La breve estate dell'anarchia, 1936-37, Milano, 1997.
W. FOSS - C. GERAHTY, The Spanish Arena, London 1938.
G. HOWSON, Arms for Spain: The Untold Story of the Spanish Civil War, London 1998.
S. G. PAYNE, The Spanish Revolution, London 1970.
Idem, The Spanish Civil War, the Soviet Union, and Communism, London 2004.
P. PRESTON, Barricades against Fascism: The Popular Front in Europe, in: History Today, 36,1986.
Idem., La guerra civile spagnola, 1936-1939, Milano 1999.
P. PRESTON (a cura di), Revolution and War in Spain, London 1984.
L. RENN, Der Spanische Krieg, Berlin 1955
R. SALAS-LARRAZABAL, Los datos exactos de la guerra civil, Madrid 1980.
G. SORIA, Guerre et révolution en Espagne, Paris 1976.
H. THOMAS, The Spanish Civil War, London 2003.

- **ESERCITO REPUBBLICANO E MILICIA POPULAR:**

M. ACUILAR, El Ejército Espanol durante la II Repùblica, Madrid 1986.
M. ALPERT, El Ejército Republicano en la Guerra Civil, Madrid 1989.
J.M. BUENO-CARRERAS, Uniformes militares en color de la Guerra Civil Espanola, Madrid 1997.
C. ENGEL, Historia de las Brigadas Mixtas del Ejército Popular de la Repùblica, Madrid 1999.
J. A. BLANCO RODRIGUEZ, El Quinto Regimiento en la politica militar del PCE en la Guerra Civil, UNED, Madrid 1993.
R. LIÓN - J. SILVELA - A. BELLINDO, La caballerìa en la Guerra Civil, Valladolid 1999.
R. SALAS-LARRAZABAL, Historia del Ejército Popular de la Republica, 4 voll. Madrid 1973.
C. ZARAGOZA, Ejército popular y militares de la Republica (1936-1939), Barcelona, 1983.

- **VOLONTARI INTERNAZIONALI:**

AA.VV.: Interbrigadisten: Der Kampf deutscher Kommunisten und anderer Antifaschisten in national-revolutionaren Krieg des spanischen Volkes 1936 bis 1939, Dresden 1966.
AA.VV.: Le Brigate Internazionali: la solidarietà dei popoli con la Repubblica spagnola, Milano 1976.
AA.VV.: Gli antifascisti lombardi alla guerra di Spagna (1936-1939); Milano, Palazzo Marino 7 novembre 1976, Varese 1977.
W. ADRIAENS, Vrijwilligers voor der vrijheid; de belgische anti-fascisten in de Spanse burgeroorlog, Louvain 1978.
L. AGUILERA DURAN, Orìgenes de las Brigadas Internacionales, Madrid 1974.
S. AJZNER, Pienvsi Polscy uczestnicy wojny domowej w hiszpanii, 'Kwartalnik Historyczny', 92 (4), Warszawa 1985.
S. ÀLVAREZ, Historìa polìtica y militar de las Brigadas Internacionales, Madrid 1996.
J. ÀLVAREZ DEL VAYO, Freedom's Battle, New York 1940.
L. ARBIZZANI, Antifascisti emiliani e romagnoli in Spagna e nella Resistenza: i volontari della Repubblica di San Marino, Milano 1980.
A. BALDINI - P. PALMA, Gli antifascisti italiani in America; 'la Legione' nel carteggio di Pacciardi con altri. Firenze 1990.
G. BAUMANN: Los Voluntarios Latinoamericanos en la Guerra Civil Española, Cuenca, 2009.
A. BENSALEM, Los voluntarios arabes en las Brigadas Internacionales: Espana, 1936-1939, Revista Int. de Sociologia, 46 (4), Madrid 1988.
D. BERRY, French Anarchist Volunteers in Spain 1936-39; Contribution to a Col. Biography of the French Anarchist Mov; App. 3; Paris, 2003.
V. BROME, The International Brigades: Spain, 1936-1939, New York 1966.
M. BRON (a cura di), Polacy w wojnie Hiszpariskiej, Wojskowy Instytut Historyczny, Warzawa 1963.
N. CAPPONI, I legionari rossi; le Brigate Internazionali nella guerra civile spagnola (1936-1939), Roma 2000.
R. DE LA CIERVA, Brigadas Internacionales, 1936-1939, La verdadera historia, Toledo 1997.
D.D. COLLUM (a cura di), African Americans in the Spanish Civil War, New York 1992.
V. DE CURREA-LUGO, America Latina y la Guerra Civil Española, Bogota, 2003.
R. DAN RICHARDSON, Comintern Army: The International Brigades and the Spanish Civil War, Lexington 1982.
J. DELPERRIE DE BAYAC, Las Brigadas Internacionales, Madrid 1980.
M. DERBY, 'Kiwi Companeros', New Zealand and the Spanish Civil War, Christchurch 2009.
D. DIAMANT, Combattants juifs dans l'armée républicaine espagnole, Paris 1979.
A. DURGAN, Freedom Fighters or Comintern Army? The International Brigade in Spain; International Socialism Journal, XI,1999.
Idem, International Volunteers in the POUM Militias, Fundación Andreu Nin, IX 2004.
A EISNER: La 12ª Brigada Internaciónal. Valencia, 1972
K. FINKER, Aufgaben und Rolle des Roten Frontkampferbundes in den Klassenschlachten der Weimarer Rep., in Mil., 13 (2). 1974.
R. FRANCESCOTTI, Sotto il sole di Spagna: Antifascisti trentini nelle brigate internazionali, Trento 1977.

H. FRANCIS, Miners against Fascism. Wales and the Spanish Civil War, London 1984.

H. FRANCIS, Welsh Miners in the Spanish Civil War, Journal of Contemporary History, 5 (3), 1970.

M. GARCIA VENERO, Historia de los Internaciónales en España, Madrid 1957.

J. GERASSI, Jewish Veterans in the Abraham Lincoln Brigade, New York 1983.

R. GLESS - P. KOLMSEE - B. KOPETZ, Zur Geschichte des Inter. Sanitätsdienstes (SSI) in Spanien 1936-39, Mil., 15, 1976.

V. GUARNER, Cataluna en la Guerra de España, Madrid, 1975.

A. GUTTMAN, The Wound in the Heart: America and the Spanish Civil War, New York 1962.

J. GYORKEI, A spanyolorszagi nemzetkòzi brigadok egészségugyi szolgalata, in Hadtòrténelmi Kòzlemények, 33 (4), 1986.

P. HUBER, Die Schweizer Spanierfreiwilligen, Zürich 2009.

M. W. JACKSON, Fallen Sparrows. The International Brigades in the Spanish Civil War, Philadelphia 1994.

R. JÀNTSCH, Die militarischen Formationen deutscher Interbrigadisten in Spanien: Militärgeschichte, 15 (3), 1976.

S. HERREROS AGÜÍ, The International Brigades in the Spanish War, 1936-1939: Flags and Symbols, Barcelona, 2003.

V. HOWARD, The Mackenzie-Papineau Battallion. The Canadian Contingent in the Spanish Civil War, Ottawa 1986.

V.B. JOHNSTON, Legions of Babel: The International Brigades in the Spanish Civil War, Harrisbourg, 1967.

C. JØRGENSEN, Danske frivillige i den spanske borgerkrig, in: Arbejderhistorie, (32), 1989.

K. KACZMAREK, Karol Swierczewski-Walter, Militärgeschichte, 12 (5), 1973.

A. KANTOROWICZ., Tschapaiev: Das Battalion der 21 Nationen, Berlin 1956.

I. KEPES (a cura di), Magyar Önketesek a spanyol nep Szabadsagharcaban, 1936-1939, Budapest 1987.

R. KOLAROV, La Sanidad en las Brigadas Internacionales, La Mancha, 2006.

A.G. KRYMOV, Manfred Shtern - General Kléber, Narody Azii i Afriki, (1), 1978.

A. LANDIS, The Abraham Lincoln Brigade, New York 1967.

L. LINDBAECK, Internationelle Brigaden, Stockholm 1939.

A. LOPEZ, La Centuria Gastone Sozzi, Quaderno AICVAS nº 4, 1984. Idem, La Colonna Italiana, Quaderno AICVAS nº 5, 1985. Idem, Il Battaglione Garibaldi, cronologia, Quaderno AICVAS nº 7, 1990.

A. LUSTIGER, German and Austrian Jews in the International Brigade, in Leo Boek Institute, Year Book; 35, 1990.

M. MOMRYK, Ukrainian Volunteers from Canada in the Int. Brigades, Spain, 1936-39: Journal of Ukrainian Studies,16 (1-2) 1991.

D. NELLES, 'The Foreign Legion of the Revolution'. German Anarcho-Syndicalist and Volunteers in Anarchist Militias during the S.C.W. 1997.

C.A. NORMAN, The International Brigades in the Spanish Civil War, in Tradition», 66-67, 1972.

M. O' RIORDAN, The Connolly Column, Wales 2005.

N. PALMER (a cura di), Australians in Spain, Sidney 1948.

D.W. PIKE, Les français et la guerre d'Espagne, 1936-1939, Paris 1975.

M. REQUENA GALLEGO (a cura di), La Guerra Civil Española y las Brigadas Internacionales, La Mancha 1998.

W. RUST, Britons in Spain: the History of the British Battalion of the XV International Brigade, London 1939.

R. SKOUTELSKY, André Marty et les Brigades internationales, in Cahiers d'Histoire, 67 (2), 1997.

J. SOMMERFIELD, Volunteer in Spain, New York 1937.

B.STEFF Antifascisti di Trieste, dell'Istria, dell'Isontino e del Friuli in Spagna, a cura Associazione italiana combattenti volontari antifascisti in Spagna, Trieste 1974.

R. VAN DOORSLADER, Les volontaires gantois pour les Brigades Internationales en Espagne motivation du volontariat pour un conflit politico-militaire, Cahiers d'Histoire de la Seconde Guerre Mondiale, 6, 1980.

C. VIDAL, Las Brigadas internacionales, Madrid 1998.

P. WYDEN: La guerra apasionada. Las brigadas internacionales en la guerra civil española. Barcelona, 1997.

- MEMORIALISTICA E ALTRE FONTI DIRETTE:

AA.VV.: 'Soldiers Return': Letter from an American Fighters in the Durruti Column, New York, 1937, in www.libcom.org

A. BESSIE (a cura di), The Heart of Spain, Veterans of the Abraham Lincoln Brigade, New York 1952.

A. BESSIE, Men in Battle, Scribner's Son, New York 19753.

A. BESSIE - A. PRAGO (a cura di), Our Fight: Writings by Veterans of the Abraham Lincoln Brigade, Monthly Review Press, New York 1987.

G. CALANDRONE, La Spagna brucia; cronache garibaldine, Roma 1974.

J. COOK, Apprentices of Freedom, London 1979.

V. CUNNINGHAM (a cura di), Spanish Front, Writers on the Civil War, Oxford 1986.

L. GALLO (Luigi Longo), Un anno di guerra in Spagna, Parigi 1938.

S. FEDELE, I repubblicani in esilio nella lotta contro il fascismo, Firenze 1990.

M. FELDMAN, Mi guerra de España; testimonio al mando de una columna del POUM, Barcelona 2003.

F. GRIMALDI, P. D'ORAZIO (a cura di), Memorie di una guerra civile, la Spagna del 1936 nelle voci dei testimoni, Roma 2003.

C. HALL, "Disciplinas Camaradas", Four English Volunteers in Spain, 1936-39, Upton 1994.

J. HOPKINS, Into The Heart of the Fire. The British in the Spanish Civil War, Stanford 1998, 270-271.

L. HUGHES, I Wonder as I Wander: An Autobiographical Journey, New York 1956.

J. HUMBERT-DROZ, Mémoires, Neuchàtel 1969-1972.

P.J. JAFFE, Rise and Fall of American Communism, New York 1975.

T. JEREMIC, Studenti Beogradskog univerziteta i jugoslavenski interbrigadisti u francuskim logorima, Istorijski Glasnik, 1-2, 1981.

D. LAJOLO, Il 'voltagabbana', Roma, 2005.

L. LONGO - C. SALINARI, Dal socialfascismo alla guerra di Spagna. Ricordi e riflessioni di un militante comunista, Milano 1977.

I. MACDOUGALL (a cura di), Voices from the S.C.W. Personal Recollections of Scottish Voolunteers in Republican Spain, 1936-39, Edinburgh 1986.

P. MARGHERI e M. PUPPINI (a cura di), Ricordi di combattenti della Guerra Civile Spagnola, in: Memorie di Spagna, Associazione

Italiana Combattenti e Volontari Antifascisti di Spagna, X-2003.

J. McGOVERN, Terror in Spain. How the Communist International has destroyed Working Class Unity, Undermined the Fighi Against Franco, and Suppresses the Social Revolution, Independent Labour Party, London 1937.

R. MALINOVSKI (a cura di), Bajo la bandera de la España republicana, Moskva 1967.

M. MERRIMAN - W. LERUDE, American Commander in Spain; R. Hale Merriman and the A. Lincoln Brigade, Reno 1986.

P. NENNI, Spagna, Milano 1976.

F. F. NITTI, Il maggiore è un rosso, Milano 1953.

G. ORWELL, Homage to Catalonia, London 1938.

R. PACCIARDI, Il Battaglione Garibaldi, Roma, 1945.

G. PAJETTA, Ricordi di Spagna. Diano 1937-1939, Roma 1977.

G. PESCE, un garibaldino in Spagna, Bologna 1955.

Idem, La Spagna nel nostro cuore, 1936-1939, tre anni di storia da non dimenticare, Milano 1996

C. PENCHIENATI, Brigate Internazionali in Spagna, Milano 1950.

P. RAMELLA, Francesco Fausto Nitti, l'uomo che beffò Hitler e Mussolini, in: Il Triangolo Rosso, n° 2/3, 2004.

Idem, I 'diversi' e la guerra di Spagna: la partecipazione di ebrei, neri e omosessuali alla guerra di Spagna, in: L'Impegno, n° 3, 2001

Idem, La guerra di Spagna sui fronti meridionali: brani inediti del diario di Aldo Morandi, in: L'Impegno, n° 1, 2005

H. ROMERSTEIN, Heroic Victims: Stalin's Foreign Legion in the Spanish Civil War, Washington (DC) 1994.

G. SACERDOTI-MARIANI - A. COLOMBO - A. PASINATO, La Guerra Civile Spagnola tra politica e letteratura, Firenze 1995.

I. TAGLIAFERRI, Il colonnello anarchico, Emilio Canzi e la guerra civile spagnola, Piacenza, 2005.

L. ZOCCHI (a cura di), Perché andammo in Spagna. Scritti di militanti antifascisti 1936-1939, Roma 1966.

- OPERAZIONI MILITARI:

R. COLODNY, The Struggle for Madrid: The Central Epic of the Spanish Conflict, 1936-1939, New York 1958.

O. CONFORTI, Guadalajara. La prima sconfitta del fascismo, Mursia, Milano 1967.

A. CORDÓN, Trayectoria, Ebro, Paris 1971.

J. COVERDALE, The Battle of Guadalajara, 8-22 of March 1937, Journal of Contemporary History, 9 (1), 1974.

G. COX, The Defence of Madrid, London 1937. (2006).

J. HENRIQUEZ CAUBIN, La batalla del Ebro, Mexico 1944.

H. KLOTZ, Les leçons militaires de la guerre civile en Espagne, Paris l937.

J. M. MARRILL, La doctrine militaire française entre les deux guerres, Revue Historique des Armées, 1991 (3).

J. M. MARTINEZ-BLANDE, La batalla del Ebro, Madrid 1988.

◄ La sfilata finale delle brigate internazionali per le vie di Barcellona nell'ottobre del 1938. Ultimo atto della presenza di questi soldati nella guerra civile. Dal Libro "Alerta los pueblos" de Vicente Rojo

The final parade of the International Brigades in the streets of Barcelona in October 1938. Last act of the presence of these troops in the Civil War. From the Book "Alerta los pueblos" de Vicente Rojo

TITOLI PUBBLICATI - ALREADY PUBLISHING

www.ingramcontent.com/pod-product-compliance
Lightning Source LLC
Chambersburg PA
CBHW041151120626
46547CB00020B/3178